LES

COURTISANES DU MONDE

Troisième et dernière série des

GRANDES DAMES

ARSÈNE HOUSSAYE

LES GRANDES DAMES
MONSIEUR DON JUAN. — MADAME VÉNUS. — LES PÉCHERESSES BLONDES
UNE TRAGÉDIE A EMS

LES PARISIENNES
LA FEMME QUI FRAPPE. — MADEMOISELLE PHRYNÉ. — LES FEMMES ADULTÈRES
LES FEMMES DÉCHUES.

10e édition. — 8 vol. in-8 cavalier, avec portraits et gravures, 40 fr.

HISTOIRE DU 41º FAUTEUIL DE L'ACADÉMIE
DEPUIS MOLIÈRE JUSQU'A BÉRANGER

7e éd. — Portraits. — 1 vol. in-8 cavalier

MADEMOISELLE DE LA VALLIÈRE
ÉTUDES HISTORIQUES SUR LA COUR DE LOUIS XIV

5e éd. — Portraits. — 1 vol. in-8 cavalier

LE ROI VOLTAIRE
5e éd. — Gravures. — 1 vol. in-8 cavalier

HISTOIRE DE L'ART FRANÇAIS AU XVIIIe SIÈCLE
Nouvelle édition. — 1 vol. in-8 cavalier. — Portraits

VOYAGE A MA FENÊTRE
1 vol. in-8 cavalier. — 5e édition. — Gravure de Johannot

NOTRE-DAME DE THERMIDOR
Nouvelle édition. — 1 vol. in-8 cavalier. — Portraits

HISTOIRE DE LÉONARD DE VINCI
1 vol. in-8. — Portraits

MADEMOISELLE CLÉOPATRE
8e éd. — 1 vol. grand in-8

PRINCESSES DE COMÉDIE ET DÉESSES D'OPÉRA
1 vol. in-8 cavalier. — 10e éd. — Gravures de Flameng

LE ROMAN DE LA DUCHESSE
7e éd. — 1 vol. in-18

HISTOIRE DES PEINTRES FLAMANDS
1 vol. in-folio, illustré de 100 magnifiques gravures

POÉSIES COMPLÈTES
8e édition. — 1 volume in-8. — Gravures

PARIS. — TYP. ALCAN-LÉVY, 61, RUE LAFAYETTE.

Imp. Ch. Chardon aîné, Paris

ARSÈNE HOUSSAYE

LES COURTISANES DU MONDE

II

LES AVENTURES DE VIOLETTE

PARIS
E. DENTU, LIBRAIRE-ÉDITEUR
PALAIS-ROYAL, 17 ET 19, GALERIE D'ORLÉANS

MDCCCLXX
Tous droits réservés

Quand l'auteur des Grandes Dames *a commencé cette étude sur la vie parisienne, il a voulu inscrire cette épigraphe inspirée par celle de Jean-Jacques Rousseau, première page de la* Nouvelle Héloïse :

Toute femme qui lira ce livre est une femme sauvée.

Ce n'était pas là, pour celui qui écrit ces lignes, un jeu d'imagination ; il voyait de plus haut, en moraliste et en philosophe. Il ne voulait pas s'indigner comme Juvénal ; il voulait que les femmes d'à présent fussent effrayées par le tableau des mœurs qu'elles ont faites, ou plutôt des mœurs qu'on leur a faites.

Quand le Père Hyacinthe montait en chaire, il ne craignait pas les hardiesses de la parole. Il montrait l'adultère marchant le front haut dans le cortége des gaietés trompeuses. Comme son divin maître Jésus-Christ, il ne jetait pourtant pas la première pierre, — parce qu'il lui aurait fallu jeter trop de pierres ; — parce que le péché d'amour est à moitié pardonné; — parce que c'est l'homme qui fait le chemin de la femme.

On a paru ne pas toujours comprendre que ce livre portait sa moralité, puisque chacune des héroïnes était mortellement frappée dans sa passion, puisque ce n'était pas le cortége des joies qui la suivait, mais le cortége des peines. Qu'est-ce autre chose que leur amour, sinon le martyre ? Et quelle femme, en lisant cette épopée des pécheresses et des repenties du monde parisien, où l'éclat de rire est noyé de tant de larmes, ne se rejettera toute pâle de frayeur dans les joies bénies de la famille et du mariage ? Quelle est celle qui pour une heure d'ivresse troublée sacrifierait le berceau des enfants, cette arche sainte de toutes les vertus du foyer ?

Quelques puritains, ceux-là qui détournent les yeux devant la Leçon d'anatomie de Rembrandt, et qui dans le monde prennent un lorgnon pour mieux voir les femmes en déshabillé de bal, ont reproché au romancier d'avoir conté trop amoureusement les victoires et conquêtes des Don Juan de Paris. Il fallait bien conter les hauts faits pour montrer les victimes, les tentations pour faire comprendre les chutes.

J'aime mieux la franchise de cette vraie grande dame qui commence par s'écrier : « Un pareil livre, quel scandale ! calomnier ainsi des femmes comme nous ! » Et qui après ce premier cri dit doucement à sa voisine : « C'est égal, si l'auteur m'avait consultée il en aurait conté de plus fortes. »

L'auteur a conté ce qu'il a vu. Il n'accuse pas les femmes, il les défend. Plus d'une, comme madame de Montmartel, est calomniée pour ce qu'elle dit ou parce qu'elle écrit des lettres. Celle qui a péché presque sans le savoir, comme madame d'Entraygues, rachète par une mort admirable les égarements de son cœur. Celle qui boit le doux poison de l'amour, comme madame de Revilly et la duchesse de Montefalcone, boit la mort dans la même coupe. Aucune des héroïnes des GRANDES DAMES ne fait école de perversité, presque toutes sont fatalement entraînées par la passion, très peu par la volupté, sinon l'ivresse qui monte du cœur aux lèvres. Quelle est donc celle qui marche triomphante dans son péché ?

Vous les retrouverez toutes au quatrième volume des Courtisanes du monde, et vous verrez comment finissent les passions.

On a aussi reproché à l'auteur des Grandes Dames la liberté des expressions. On a oublié que la langue française a donné son meilleur lait à Rabelais, à Montaigne, à Molière, à Le Sage, à Voltaire, à Beaumarchais, à Balzac, à tous les vrais historiens des idées et des mœurs. L'auteur ne se met naturellement pas en une telle compagnie ; il sait que ce n'est pas à son talent qu'est dû le succès de son livre : mais c'est un livre de bonne foi. Si ses couleurs sont trop vives, c'est qu'il a voulu mettre la lumière sur la vérité.

Et voilà pourquoi il inscrira décidément comme épigraphe, en tête de ces trois études, LES GRANDES DAMES, LES PARISIENNES, LES COURTISANES DU MONDE :

Toute femme qui lira ce livre est une femme sauvée.

AR— H— YE.

LIVRE I

LE CHATEAU DE PARISIS

Il faut rire avant que d'être heureux, de peur de mourir sans avoir ri.
                                    La Bruyère.

Cette maîtresse d'erreur, que l'on appelle fantaisie ou opinion, est d'autant plus fourbe, qu'elle ne l'est pas toujours : car elle serait règle infaillible de vérité, si elle l'était infaillible du mensonge ; mais, étant le plus souvent fausse, elle ne donne aucune marque de sa qualité, marquant de même caractère le vrai et le faux.

L'opinion dispose de tout. Elle fait la beauté, la justice, et le bonheur, qui est le tout du monde. Je voudrais de bon cœur voir le livre italien, dont je ne connais que ce titre, qui vaut lui seul bien des livres : Della opinione, regina del mundo.
                                    Pascal.

Il n'y a rien sur la terre qui ne montre ou la misère de l'homme, ou la miséricorde de Dieu, ou l'impuissance de l'homme sans Dieu, ou la puissance de l'homme avec Dieu.

Tout l'univers apprend à l'homme, ou qu'il est corrompu, ou qu'il est racheté. Tout lui apprend sa grandeur ou sa misère.

PASCAL.

C'est se tromper que de croire qu'il n'y ait que les violentes passions, comme l'ambition et l'amour, qui puissent triompher des autres. La paresse, toute languissante qu'elle est, ne laisse pas d'en être souvent la maîtresse; elle usurpe sur tous les desseins et sur toutes les actions de la vie, elle y détruit et y consume insensiblement les passions et les vertus.

LA ROCHEFOUCAULD.

Il y a peu de galanteries secrètes : bien des femmes ne sont pas mieux désignées par le nom de leurs maris que par celui de leurs amants. Une femme galante veut qu'on l'aime : il suffit à une coquette d'être trouvée aimable et de passer pour belle. Celle-à cherche à engager; celle-ci se contente de plaire. La première passe successivement d'un engagement à un autre; la seconde à plusieurs amusements tout à la fois. Ce qui domine dans l'une, c'est la passion et le plaisir; et dans l'autre, c'est la vanité et la légèreté. La galanterie est un faible du cœur ou peut-être un vice de la complexion : la coquetterie est un dérèglement de l'esprit. La femme galante se fait craindre et la coquette se fait haïr. L'on peut tirer de ces deux caractères de quoi en faire un troisième, le pire de tous.

LA BRUYÈRE.

Ce qui fait que les amants et les maîtresses ne s'ennuient point d'être ensemble, c'est qu'ils parlent toujours d'eux-mêmes.

LA ROCHEFOUCAULD.

I

Ce n'était pas la marquise de Néers que lord Sommerson avait enlevée

E départ inattendu de lord Sommerson fut un chagrin pour les quatre Parisiennes à Venise.

Chagrin violent pour la marquise de Néers qui s'apercevait un peu tard qu'il fallait encore une fois se réveiller de son rêve.

Chagrin romanesque pour la comtesse de Montmartel, qui se demanda sérieusement si elle n'aimait pas le fugitif.

Chagrin amoureux pour madame de Campagnac, qui était lasse de pleurer et qui cherchait un homme pour la consoler.

Chagrin doux, vague, poétique pour Violette qui trouvait que lord Sommerson lui rappelait Octave de Parisis.

Toutes encore elles parlaient de lui, quand M. de Montmartel arriva de Froshdorf par le bateau de Trieste, huit jours plus tôt qu'il n'était attendu.

Il fit d'abord quelques façons pour voir madame de Campagnac et mademoiselle de Parisis. Mais on était si loin de Paris qu'il se résigna.

Il ne consola aucune des quatre femmes, la sienne moins que les autres, du départ du marquis de Sommerson.

Il n'aimait pas les arts, il disait que Venise est un tombeau, il voulut partir le surlendemain. Hélène ne voulut pas partir.

Le comte réunit les quatre femmes en conseil de ministres. Hélène prit la première la parole; elle cria bien haut qu'elle n'était pas venue à Venise pour retourner sitôt à Paris.

Madame de Campagnac donna raison à sa

nièce. Violette, qui se sentait une vive sympathie pour madame de Montmartel, lui donna pareillement raison, disant que la force du mariage est dans la liberté; selon elle, un mari ne pouvait rien contre sa femme s'il ne l'aimait pas assez pour avoir foi en elle.

Madame de Néers fut terrible comme Bossuet : elle parla très haut des devoirs du mariage. Elle ne s'expliquait pas comment Hélène pouvait oublier cet article du code qui résume les commandements de Dieu : « La femme doit obéissance à son mari. » Elle alla jusqu'à se prendre en exemple.

— Moi, dit-elle, quel que soit le bonheur que j'eusse trouvé à Rome dans le sein même de l'Église en y restant plus longtemps, je me suis résignée à retourner chez moi. Et pourtant, Dieu sait s'il m'est triste d'avoir un mari qui ne croit pas à Dieu.

M. de Montmartel riait bien un peu dans sa barbe. Madame de Campagnac avait toutes les peines du monde à se contenir. Hélène connaissait trop sa sœur pour s'étonner. Violette seule regardait la marquise avec de grands yeux. Était-il possible qu'elle parlât sérieusement ! Croyait-elle se donner toujours à elle-même l'absolution de ses péchés ? S'imaginait-elle que ses retours à Dieu la relevaient soudainement de ses chutes ?

Madame de Néers était si forte en Dieu qu'elle ne voulait s'humilier ni devant elle-même ni devant les autres.

M. de Montmartel n'eut donc pour lui que la voix de la marquise de Néers. Aussi sa femme lui dit-elle gaiement :

— Vous voyez, c'est chose jugée, je reste à Venise.

— Moi, je pars avec M. de Montmartel, dit aussitôt madame de Néers.

La marquise avait hâte de se retremper dans la vie de famille. Quand on la verrait réapparaître dans le monde avec son mari, qui donc oserait l'accuser ? Est-ce donc un crime d'aller à Rome ? N'avait-elle pas été admise au baise-pied du Vatican ? N'avait-elle pas été bénie par le pape ? Elle n'avait couru que le chemin de la Foi. On pouvait bien lui reprocher en effet son compagnon de voyage, mais qui donc prouverait que lord Sommerson eût été son amant ?

M. de Montmartel était furieux, mais il ne pouvait pourtant pas battre sa femme : il la connaissait bien. Il savait qu'il ne pourrait vaincre cette rébellion fantasque ; s'il luttait il ne serait que plus ridicule ; il finit par dire d'un air dégagé :

— Eh! bien, madame, que votre volonté soit faite! j'emporte une mission de Froshdorf; je ne puis pas attendre votre bon plaisir. Si, tout bien considéré, vous aimez mieux Venise que Paris, ne vous gênez pas.

Il contenait en même temps sa colère et son amour, car il aimait beaucoup sa femme. Il enrageait de ne pouvoir la soumettre, mais il ne désespérait pas du temps.

Le surlendemain il partit donc avec la marquise de Néers par le train du matin, — après la première messe à Saint-Marc. — Sa femme daigna le conduire en gondole jusqu'à la gare. Bien mieux, elle l'embrassa de fort bonne grâce, en lui disant :

— Cela vous sera compté et je sens que je vais vous aimer beaucoup.

Quand M. de Montmartel fut de retour à Paris avec sa belle-sœur, on confondit bien mieux encore la marquise et la comtesse dans l'enlèvement à Rome. On est toujours mal renseigné, parce que les reporters du monde ne sont pas mieux informés que les reporters des journaux. Aussi, répéta-t-on partout que le comte était allé avec sa belle-sœur pour rechercher sa femme, mais qu'il n'avait pas réussi à la ramener par le chemin du devoir.

Naturellement, madame de Néers retourna aux sermons de Notre-Dame.

Le marquis de Néers, en vrai mari qu'il était, fut bientôt convaincu, comme tout le monde, que c'était sa belle-sœur qui avait été enlevée.

La Marquise de Néers

II

La poudre de Cagliostro

Cependant, à Venise, où elle voulait s'amuser beaucoup, que fit madame de Montmartel?

Ceux qui connaissent bien les femmes — les femmes mariées — comprendront qu'elle se trouva, par le départ de son mari, toute désarmée pour faire le mal : quand elle eut la liberté de faire ce qui lui plaisait, elle ne pensa plus qu'à bien faire. Elle aurait pu tenter une aventure galante avec un beau Milanais qui ne la perdait pas des yeux depuis son arrivée, ou avec un Parisien égaré à Venise, un ami du consul, un beau de la veille, qui eût été ravi d'une pareille aubaine; mais elle surprit tout à coup ses deux amies en leur disant qu'à son tour elle voulait aller à Froshdorf où elle savait bien qu'on lui ferait bonne figure.

Madame de Campagnac et Violette eurent beau la vouloir arrêter par leurs caresses, elle se décida à partir. Sa tante la retint à peine un jour de plus pour faire une promenade au Lido.

On parla beaucoup de lord Byron et un peu du duc de Brunswick, qui est vigneron à Venise : les plus belles vignes du Lido sont à lui.

On dit un mot de ses cheveux bleus et de son hôtel rose. On aurait bien voulu grapiller dans ses vignes, mais l'hiver avait vendangé.

Pendant la promenade, un moine fort encapuchonné s'arrêta gravement devant madame de Campagnac et lui demanda qu'elle voulût bien lui acheter des amulettes et de la poudre de Cagliostro.

Le moine avait des airs souriants et mystérieux qui éveillèrent la curiosité de madame de Campagnac.

— Pour quoi faire ? lui demanda-t-elle.

— Les amulettes, signora, c'est pour gagner le ciel ; la poudre de Cagliostro, c'est pour vivre toujours jeune.

Madame de Montmartel prit son porte-monnaie.

— Voilà, dit-elle, le marchand par excellence. Acheter du même coup la jeunesse et la vie éternelle, c'est un coup de fortune inouï.

— La vie éternelle, dit madame de Campagnac, on a peut-être le temps d'y songer. Mais la jeunesse ! Ne perdons pas une heure.

Il y avait déjà longtemps que madame de Campagnac se préoccupait de n'avoir plus vingt ans. On sait que sa figure accentuée marquait trop son âge. Elle disait qu'elle ne survivrait pas aux premiers stigmates de la vieillesse.

— Combien cette poudre magique ? demanda-t-elle.

— Cent lires le dé, répondit le moine.

— Eh bien ! dit mademoiselle Charmide, on n'en a pas beaucoup pour deux sous. Et moi qui voulais en charger un navire pour faire fortune à Paris.

— Comment! cent francs le dé? dit madame de Campagnac, c'est ruineux.

— Ah! oui, murmura le moine, il en coûte cher pour être toujours jeune. Mais est-il un bien qui vaille la jeunesse?

— Et comment s'administre-t-on cette poudre de Perlinpinpin? demanda Violette.

— Savez-vous le persan, madame?

Et le moine déroulait une petite page imprimée en or.

— Non, mon père, je ne sais ni le persan, ni le chinois, ni le tartare — ni le français.

— Eh bien, madame, si vous me prenez — pour une de vos amies — un dé de ma poudre, je vous traduirai cette page en français.

Violette et Hélène s'inclinèrent comme pour remercier le moine d'avoir bien vu qu'elles n'en étaient pas encore à la poudre de jeunesse.

Madame de Campagnac ne s'offensa pas de la distinction. Elle demanda deux dés et elle donna dix louis.

La poudre était renfermée dans de petites boîtes d'argent pas plus grandes qu'un dé d'enfant.

— Je n'ai là ni plume, ni encre, ni papier, dit le moine, mais si vous voulez, madame, je vous dirai comment on prend cette poudre.

Madame de Campagnac s'éloigna de quelques pas avec le moine. Violette voulait se moquer d'elle, mais Hélène lui dit que le mot impossible n'existait pas.

— A quoi bon, poursuivit-elle, cette poudre de jeunesse si elle ne donne pas l'amour ?

— Ne dites pas cela, murmura Violette : l'amour, c'est ce qui a perdu ma jeunesse.

— Enfant, sans l'amour il n'y a pas de jeunesse. Regardez-moi : j'ai cent ans !

— Oh ! que vous êtes belle à cent ans ! Si vous voulez avoir vingt ans, pourquoi n'aimez-vous pas ?

— Pourquoi aimez-vous ?

Les deux amies allèrent consulter le moine.

— Prenez de ma poudre, leur dit-il.

— Non, dit Violette.

Elle était heureuse de son malheur.

— Non, dit Hélène.

Elle voulait toujours chercher et ne jamais trouver.

III

La dame de charité

Hélène partit le soir même par le bateau de Trieste, avec sa fidèle Charmide.

— Nous nous retrouverons à Paris, dit-elle à Violette en l'embrassant, n'oubliez pas que tout s'oublie et que tout se renouvelle. Je sais qu'on fait des façons pour vous recevoir, mais si vous revenez cet hiver je vous promets de donner une fête tout exprès pour vous.

Violette remercia Hélène, mais elle lui dit :

— Il n'y a plus de fêtes pour moi.

La comtesse de Montmartel fut très caressée à Froshdorf. On sait, là-bas, que si la loi salique a toujours été maintenue en France, c'est que les femmes gouvernent quand les hommes règnent.

A son retour à Paris, madame de Montmartel lut dans les journaux qu'un pauvre artiste, un violon de l'Opéra, venait de mourir, léguant à la charité publique trois petites filles de quatre à huit ans. Or la charité publique est une mère capricieuse qui n'a pas toujours du lait dans son sein. La comtesse voulut savoir si l'appel aux âmes sensibles avait sauvé ces enfants de la misère. On s'était fort apitoyé sur leur sort, entre un sermon et un bal, mais en fin de compte on s'était dit sans doute que la meilleure charité c'est de commencer par soi-même, car les filles du violon étaient abandonnées, dans un galetas, à une arrière-cousine qui n'avait pas de pain pour elle-même.

Madame de Montmartel trouva les petites filles si jolies, qu'elle jura de les sauver. La cadette surtout lui plut par sa gentillesse : elle était blonde comme elle. Quoique criant misère, elle jouait d'un petit violon que lui avait donné son père au jour de l'an. Elle exécutait déjà, sans savoir le premier mot de la musique — mais parce qu'elle était « née là dedans » — la marche des *Puritains* et le chant du *Trouvère*.

Après avoir choisi un petit appartement avenue de Neuilly, Hélène y conduisit les trois enfants avec leur cousine, en disant à cette femme qu'elle la chargeait de veiller sur elles. Elle s'amusa elle-même à leur acheter des robes; elle ne négligea rien pour qu'elles eussent du pain, du feu, du soleil, — et des confitures, et des gâteaux, et des joujoux.

A la troisième visite qu'elle leur fit, les trois sœurs lui sautèrent au cou. Elle s'imagina qu'elle était devenue leur mère. Elle versa de ces bonnes larmes qui sont plus douces que le rire strident de la gaieté.

On sait tout, à Paris; on sait mal, mais on sait. Les mêmes journaux imprimèrent bientôt que, grâce à leur appel, une grande dame dépensait, pour les trois orphelines, les plus beaux deniers de sa toilette. On ne dit pas le nom de la grande dame, mais on laissa deviner que c'était une des filles du comte de Lesparre.

Les filles du comte de Lesparre, c'étaient madame de Néers et madame de Montmartel.

Or ce ne pouvait être la Messaline blonde

qui jouait à la charité : elle avait autre chose à faire. C'était à n'en pas douter la marquise de Néers qui était devenue la seconde mère des abandonnées.

Madame de Montmartel aimait l'anonyme en tout, ou plutôt elle aimait à masquer ses actions par d'autres figures. Aussi, un jour, quand la cousine des enfants la supplia de lui dire enfin son nom — jusque-là on ne l'appelait que l'inconnue — elle donna le nom de sa sœur.

Ce fut donc bien le nom de la marquise de Néers que tous les matins et tous les soirs les enfants, agenouillés, prononçaient avec dévotion en même temps que celui de la mère de Dieu.

Et les journaux continuaient à parler des scandales de la Messaline blonde.

IV

Cher brigand.

Quand madame de Campagnac et Violette se retrouvèrent seules à Venise, les deux noms de Octave et d'Achille revinrent dans leurs causeries.

— Je les ai tant aimés, dit un jour avec abandon l'amie de Violette, que ces deux figures se confondent aujourd'hui dans mon cœur. Si je veux penser à l'une, l'autre apparaît.

Madame de Campagnac, quand elle disait cela, était sur le point d'aimer une troisième figure.

C'était un ci-devant officier du ci-devant

roi de Naples. Les Napolitains sont beaux, celui-là avait plus d'un point de ressemblance avec un homme d'esprit qui a marqué vivement son type à Paris : Pier Angelo Fiorentino.

Madame de Campagnac aimait les aventureux, elle aima bientôt ce soldat d'une cause perdue qui attendait l'heure de la bataille. Il portait un beau nom : Salvator Mantelli. On s'était rencontré sur le quai des Esclavons, on s'aperçut bientôt qu'on habitait le même hôtel. Ce jour-là madame de Campagnac voulut dîner à table d'hôte. Naturellement Salvator se plaça auprès d'elle. On parla avec enthousiasme de la reine de Naples. L'enthousiasme ouvre le cœur. Quand madame de Campagnac ferma le sien elle y trouva Parisis, Santa-Cruz et Salvator.

Elle était devenue expansive.

— Ah! ma chère Violette, dit-elle le soir à son amie, n'est-ce pas une profanation ! Je suis furieuse contre moi, car je crois que j'aime cet officier du roi de Naples.

Et comme pour s'excuser :

— C'est si beau, la fidélité au malheur !

Violette était quelque peu indignée.

— Quoi! dit-elle, il m'aura fallu pleurer si longtemps avec vous pour que vous en arriviez là?

— Que voulez-vous, ma chère amie, je suis de bonne foi avec moi-même. Qu'est-ce donc que la vie si ce n'est un feu de joie dans les larmes?

Violette voulut mettre en garde madame de Campagnac, elle lui raconta ce qu'elle savait de Salvator Mantelli. Jusque-là il n'avait servi le roi de Naples que dans la Calabre, à la tête d'une compagnie de brigands. Il s'était montré brave, mais en homme qui n'a ni foi ni loi pour les coutumes de la guerre. Il avait tué et pillé comme en pays ennemi, quoiqu'il fût dans son pays.

Madame de Campagnac répondit, pour l'excuser, qu'on ne se bat pas avec de beaux sentiments, qu'il y a dans la vie les heures de colère et les heures d'amour, que la fière expression de cette belle figure prouvait, d'ailleurs, un cœur loyal.

Quelques jours après on dit devant madame de Campagnac que la tête de Salvator était mise à prix à Naples et qu'on pourrait bien venir la lui prendre à Venise.

— On n'osera pas! dit-elle tout haut comme pour braver ceux qui donnaient cette mauvaise nouvelle.

En Italie, un homme décidé à tout comme l'était Salvator, n'est pas « appréhendé » au corps comme en France. Voilà pourquoi les brigands se montreront toujours le cigare à la bouche jusqu'aux portes de Naples. Salvator était venu débarquer à Venise pour y chercher des recrues parmi ceux qui espéraient que la ville des doges reprendrait les armes de la république. Son yacht tout équipé l'attendait au Lido, deux gondoliers de ses amis rôdaient toujours sur le quai des Esclavons pour le mener en toute vitesse à son yacht, quelle que soit la gondole, s'il lui arrivait malheur. Salvator aimait à braver le danger, mais il ne s'aventurait pas au cœur de Venise; il allait du quai des Esclavons à la place Saint-Marc, armé jusqu'aux dents, sans en avoir l'air. Il avait, d'ailleurs, des intelligences dans la place; si un ordre était venu de Florence, on l'eût averti le premier; il savait que les soldats vénitiens ne l'arrêteraient pas. On lui représentait que les bersagliers étaient braves, mais il répliquait qu'il faudrait tout un régiment pour le cerner.

Madame de Campagnac s'exalta devant le danger que courait ce beau capitaine d'aventure.

Il ne devait plus passer que quelques jours à Venise, il lui sembla qu'elle deviendrait plus triste que jamais dès qu'il serait parti. Aussi ne fit-elle pas de façons pour lui permettre — en tout bien tout honneur — une intimité presque amoureuse. Il lui peignait très poétiquement sa vie dans les Calabres où il avait un château et des terres considérables. Ceux qu'il appelait ses soldats — ses brigands comme on disait à Naples — étaient des montagnards fidèles au roi et à Dieu, il ne doutait pas du triomphe de sa cause. Il portait sur son cœur une image de la madone et une image de la reine de Naples.

— Ah! s'écria-t-il en levant les yeux sur madame de Campagnac, si j'avais aussi une image de vous, mon épée serait plus légère.

Madame de Campagnac lui donna une photographie, de Carjat, lumineusement blonde, où tout le charme de la femme était répandu.

Salvator la baisa avec feu.

— Ah ! madame, dit-il tristement, si je pouvais vous emporter vous-même !

Madame de Campagnac était devenue rêveuse. Il reprit :

— Mon petit yacht est une merveille, une vraie gondole amoureuse, qui défie la mer dans ses colères.

— Non, dit madame de Campagnac, je ne mettrai pas le pied sur votre yacht, mais j'irai vous conduire jusque-là.

— Je ne pourrai plus vivre sans vous voir.

— Eh bien ! je vous promets d'être à Naples dans un mois. Si vous ne pouvez venir à Naples, j'irai jusqu'à Pompeï, j'irai plus loin s'il le faut.

Madame de Campagnac, sans le dire à Violette, alla jusqu'au yacht dans une gondole avec Salvator.

Une gondole, à Venise, c'est la vie privée, je n'ouvrirai donc pas la porte sur les deux amoureux.

— D'où revenez-vous ? demanda Violette à

son amie en la revoyant quelques heures après.

Madame de Campagnac prit les mains de Violette et pleura.

— Je suis bien malheureuse ! lui dit-elle.

C'est toujours le premier cri des femmes qui — aiment — même la troisième fois.

Violette avait compris. Elle lui dit avec un fin sourire :

— Vous serez toujours malheureuse, vous, mais vous vous consolerez toujours.

V

Souvenirs de Parisis

Violette retournait plus que jamais vers sa passion pour Parisis. Elle ne pouvait s'expliquer cette obstination de son cœur pour un tombeau.

Elle pensait souvent à la mort :

— Je suis sûre qu'il m'attend, disait-elle. Si je mourais, je le reverrais.

Mais l'image de Geneviève lui apparaissait.

— Non, puisqu'il est avec elle.

Et elle pensait à la tragédie d'Ems :

— C'est beau d'avoir voulu mourir pour elle ! Et pourtant s'il lui avait survécu, nous nous serions retrouvés.

Le souvenir d'Octave était si vivant que Violette se rappelait ces légendes du moyen âge où des amants séparés par la mort vivaient ensemble par la force de l'âme.

Elle était retenue dans ses idées par un jeune Allemand quasi-visionnaire, son voisin de la table d'hôte, qui soutenait cette thèse quelque peu étrange :

L'âme des vivants a une action sur l'âme des morts, comme l'âme des morts a une action sur l'âme des vivants. Deux amants, l'un au ciel, l'autre sur la terre, continuent à vivre l'un pour l'autre. Il ne manque à ce mariage dans l'infini que les images corporelles — que les bras de chair. — Mais qu'est-ce que les bras de chair pour deux amoureux qui ont toutes les ressources de l'esprit ? S'ils ne montent pas dans le lit nuptial, n'ont-ils pas les divines expansions dans l'azur incommensurable ? Les bras corporels ne donnent qu'une étreinte çà et là : qu'est-ce que ce plaisir d'un instant auprès des joies éternelles des baisers de l'âme.

— Oui ; mais, disait Violette en souriant au jeune philosophe des bords du Rhin, celui qui est sur la terre a toujours ses bras corporels.

— Oui, mais il peut les ouvrir et les fermer sur l'image aimée s'il a la foi. Si son âme a évoqué l'âme de l'absent, il peut ouvrir et fermer ses bras : il sentira les flammes de l'amour sur son sein.

Et le jeune visionnaire qui avait, d'ailleurs, l'air d'un joyeux convive, expliqua très bien à Violette que si les morts ne vivaient plus avec les vivants comme au moyen âge « dans les siècles plus intimes » selon son expression, c'est que la vie aujourd'hui était tout en dehors, c'est qu'on oubliait plus vite dans le brouhaha perpétuel, c'est qu'on se retournait moins vers le passé qui n'était plus une religion. Plus les morts sont oubliés, plus les âmes s'éloignent ; le froid et la nuit se font autour d'elles et elles ne veulent vivre que dans le feu de la lumière.

Violette pensa qu'elle avait trop oublié Parisis.

— Et si après avoir oublié longtemps on se rejette dans sa passion, on rappelle l'âme aimée ?

— L'âme aimée revient parce qu'il se passe

souvent un siècle avant qu'elle ne se dégage tout à fait des liens de la terre. On aime toujours le pays natal, même si on y a été malheureux.

Violette avait penché la tête. Elle se disait alors que son fatal amour pour Octave de Parisis était encore la seule chose qui lui fût douce dans la vie.

— Ma chère Violette, dit ce soir-là madame de Campagnac, n'oubliez pas que vous m'avez promis de venir à Naples.

— Non, dit Violette, j'ai fait un vœu, j'irai au château de Parisis.

— Vous êtes folle! Ce n'est pas moi qui vous accompagnerai dans ce pays perdu!

— Eh bien! partez pour Naples, moi je retourne en France.

Madame de Campagnac eut beau peindre à Violette toutes les beautés de la ville incomparable, sa jeune amie tint bon dans son idée. Il lui semblait que Parisis l'attendait; elle se disait que là même où il avait vécu, elle vivrait en lui.

Sainte fantaisie d'une âme en peine!

A l'heure même où madame de Campagnac l'embrassait pour lui dire adieu, Violette reçut cette lettre, fort inattendue, de M. Rossignol, l'intendant du château de Parisis :

Madame,

Il s'est passé ici quelques événements fort graves. Je me permets de vous troubler dans votre retraite pour tout vous dire.

Depuis que j'ai eu l'honneur de vous voir à Paris, il s'est présenté au château de Parisis trois traites acceptées par M. le duc de Parisis avant sa mort, montant chacune à la somme de cent mille francs. J'ai toutes les peines du monde à m'expliquer ces dettes que je ne connaissais pas. Il est vrai que M. le duc de Parisis m'a souvent habitué à ces surprises. Je me suis trouvé bien en peine ; je vous ai écrit, vous ne m'avez pas répondu. J'avais votre pouvoir et celui des autres héritiers, j'ai dû vendre les bois de La Roche-l'Épine pour payer. Je vous dirai tout cela en détail.

Ce n'est pas tout. Une autre surprise.

La Roche-l'Épine est habité à cette heure par une toute jeune fille, une Norvégienne ou une Danoise qui ne parle pas un mot de français. Elle est accompagnée d'une suivante qui parle français, mais qui ne veut rien dire. Elle s'est contentée de me remettre un bail du duc de Parisis, qui a deux ans de date et qui lui donne le droit, moyennant une très petite redevance, d'habiter pendant neuf ans la châtellenie de La Roche-l'Épine. Je n'avais pas de raison pour braver la volonté de celui que nous regrettons tous. J'ai donc obéi au bail.

La jeune fille est d'ailleurs fort belle. Qui sait ? ce sera peut-être une amie pour vous, quand vous vous déciderez à habiter le château de Parisis.

Violette était déjà bien résolue à retourner en France. Cette lettre hâta son départ de quelques heures.

Elle quitta Venise aussi triste qu'elle y était venue.

— Je vais vivre dans les pâles voluptés de la mort, pensait-elle, pourquoi ne pas mourir tout de suite ?

Mais elle éprouvait une funèbre joie à

se rapprocher du tombeau du duc et de la duchesse de Parisis.

Violette était si bien perdue dans son idée que de Venise à Tonnerre elle ne dit pas vingt paroles à sa femme de chambre, une fille qu'elle avait emmenée de Paris, qui n'était pas une Charmide et qu'elle n'avait jamais prise pour confidente.

Elle voyagea toujours dans le coupé, nul ne la troubla, si ce n'est sa femme de chambre elle-même qui, avant d'arriver à Tonnerre, lui déclara qu'elle n'aimait pas la campagne l'hiver et qu'elle voulait retourner à Paris. Violette, qui était bonne comme la bonté, comprit que cette fille avait dû s'ennuyer dans une pareille compagnie. Elle la laissa partir, convaincue qu'elle trouverait du monde au château.

Et d'ailleurs plus elle serait isolée et plus elle serait près d'Octave de Parisis.

VI

Où il est question du diable

Violette arriva le soir par une horrible pluie glaciale au château de Parisis. Elle avait entrevu le printemps en Lombardie, elle retrouvait l'hiver en Bourgogne.

Quoique Violette eût envoyé une dépêche télégraphique, elle n'était pas attendue parce que le seul domestique qui sût comprendre une dépêche était allé au château de Pernand pour des plantations. Ce fut la fille du jardinier qui lui ouvrit les portes.

Violette regretta d'être venue seule quand elle sentit le froid de la nuit, le froid de la mort, la pénétrer profondément. Et pourtant n'était-elle pas venue comme à un pèlerinage? N'obéissait-elle pas à cet amour du passé qui était encore toute sa vie? Depuis la catastrophe d'Ems elle était retournée deux fois à Parisis, mais c'était la première fois qu'elle allait y coucher. A ces deux pèlerinages, elle n'avait fait que traverser le château et le parc, évoquant le souvenir d'Octave et de Geneviève; elle ne s'était pas senti la force de vivre dans ce tombeau.

Depuis que le diable a donné sa démission, depuis qu'il est remonté des enfers pour se promener par le monde comme un galant homme retiré des affaires; en un mot, depuis qu'il s'est réconcilié avec les puissances célestes, les sorcières ne font plus leur sabbat, les devins n'ouvrent plus boutiques et les alchimistes ne font plus de l'or. Faust a été la dernière incarnation de Satan. Depuis la Renaissance il a encore tenté quelques aventures sur la terre, mais il était trop bon diable, les filles ne s'y laissaient plus prendre.

Mais on a eu beau faire la lumière sur toutes les évocations démoniaques, l'esprit mystérieux est resté dans le cœur humain parce qu'on n'a pas eu si bon marché de Dieu que du diable. On a pu frapper l'esprit qui détruit, on n'a pu atteindre l'esprit qui crée. Tout en niant bien haut les miracles, quel est l'athée qui ose braver Dieu quand la nuit tombe sur lui? Le duc d'Orléans, qui ne croyait à rien, était visionnaire comme Turenne qui vivait en Dieu.

Les visionnaires ne voient plus le diable, ils ne croient guère aux revenants, mais ils sont convaincus que le monde est peuplé d'âmes en peine retenues par des amours terrestres et rebroussant chemin quand elles sont en route pour l'autre monde.

S'il y a un lieu favorable pour l'âme en peine, c'est le vieux château. Tout vieux château a sa légende, tout vieux château a été le théâtre de quelque tragédie. Rappelez-vous la légende des Parisis, rappelez-vous la tragédie de Gabrielle de Vergy.

Violette n'était pas visionnaire, mais elle était chrétienne et elle croyait aux miracles invisibles : Dieu, qui avait créé le monde, pouvait bien avoir créé la seconde vue. Si l'âme existait — Violette n'en doutait pas — l'âme des morts était le revenant du moyen âge qui se manifestait aux vivants, non par des apparitions, mais par les songes et les pressentiments.

Quand elle eut monté le grand escalier de marbre, quand elle eut traversé le vestibule, quand elle fut dans le petit salon qui s'ouvrait au midi sur la chambre de la duchesse, au nord sur la chambre du duc, elle tressaillit et s'appuya sur le manteau de la cheminée.

— Dans quelle chambre madame couchera-t-elle? lui demanda la fille du jardinier.

— Dans la chambre de la duchesse, répondit-elle. Allumez-moi tout de suite un beau feu.

La fille du jardinier redescendit.

— Seule ici! seule au monde! dit Violette.

On l'avait laissée avec une bougie allumée. Elle entrevit dans la glace sa blanche figure tout attristée. Elle eut peur comme si elle voyait un revenant.

A certaines heures ne semble-t-on pas à soi-même une figure de l'autre monde? On se reconnaît, mais on n'est pas bien sûr de vivre encore, tant l'âme est détachée du corps. On croit voir un portrait, une image de soi plutôt que soi-même, surtout quand la pensée vous tient immobile, devant un miroir, dans la solitude et le silence des heures nocturnes.

— Eh bien, dit Violette, voilà que j'ai peur ! que sera-ce donc tout à l'heure ?

En effet, le château s'était quelque peu animé. Les gens se réveillaient partout, c'était à qui trébucherait le plus vite. D'ailleurs on entendait encore piétiner les chevaux qui avaient amené la châtelaine de la gare de Tonnerre au château de Parisis. Violette avait oublié de payer le cocher.

Une cuisinière au nez bourguignon vint lui demander si elle souperait. Violette répondit qu'elle se contenterait d'un pot de confitures de Bar et d'un petit verre de vin d'Espagne.

VII

La figure fantastique

Devant le feu qui flambait, Violette se sentit renaître.

La cheminée qui s'allume le soir est comme le soleil qui se lève le matin. La nuit, c'est la mort qui vient, mais le feu c'est la vie qui recommence.

C'est surtout la vie de l'âme. Devant les flammes de l'âtre une vive lumière se fait en nous, le souvenir déchire les brumes du passé, nous nous revoyons soudainement dans tous les horizons de la vie, mais surtout de la jeunesse. L'homme le moins doué est saisi de je ne sais quelles aspirations poétiques, les joies amoureuses chantent en lui, toutes les images aimées passent dans son imagination avec le prisme des beaux jours. Les figures tout à l'heure souriantes s'attristent peu à peu. C'est que tout homme a eu dans sa vie ses jours de deuil. Le feu du soir qui parle de l'amour parle aussi de la mort. On s'approche un peu plus, on tisonne les bûches, les étincelles jaillissent comme les souvenirs. On est si bien pris à ce spectacle du passé qu'on craint de détourner la tête comme si le rêve dût s'évanouir. On aime le silence, on aime la solitude, c'est l'heure du recueillement, c'est l'heure de la méditation. On est un peu plus près de Dieu sans être plus loin du monde. Il semble que l'âme ait laissé ses guenilles corporelles dans l'antichambre.

Cependant la nuit est tout à fait venue. Les grandes flammes sont tombées. C'est alors que les esprits de l'âtre commencent leur sabbat. Voilà les figures des légendes qui se profilent dans la cheminée ; la réverbération de la lumière a tout autour de nous des effets fantastiques. Il s'échappe du brasier des étoiles qui filent et des pétillements bizarres. C'est tout un monde, c'est toute une langue. On est bientôt initié.

Les poëtes allemands sont les poëtes du foyer, parce qu'ils ont bien plus que nous gardé la religion de la légende, parce qu'ils vivent plus longtemps au coin du feu.

Violette s'était abandonnée doucement aux mélancolies de l'âtre. Toute sa vie avait repassé devant elle; elle ne songeait pas à dormir. Comme tout le monde était recouché dans le château, elle voyait avec regret que le feu allait s'éteindre. On avait négligé de monter du bois.

Quand il ne resta plus que des tisons et des braises, des braises déjà toutes blanchies sous les cendres, elle éprouva un serrement de cœur. Le feu avait surexcité son imagination, elle se sentait la fièvre, elle passait déjà sous les portes sombres des visions.

Elle se demanda comment elle avait pu venir toute seule affronter les nuits dans ce château qui n'était plus qu'un Campo Santo.

Elle n'osait détourner la tête, ses yeux étaient fixés sur des braises qui dessinaient dans leur chaos des figures étranges comme font les nuages. L'œil humain est un créateur, il voit partout la vie, il reconnaît sans cesse la figure de l'homme jusque dans les dessins les plus vagues.

— Parisis! dit tout à coup Violette.

Elle voyait un profil et il lui semblait que c'était la physionomie de son amant. C'était bien lui, il souriait. A qui souriait-il? Elle aurait voulu que cette peinture blanche et rouge, cendre et braise, s'éternisât sous ses yeux. N'est-ce pas l'histoire du nuage avec ses variations? La figure se décomposa, il ne resta bientôt plus que le nez et la bouche. La bouche qui souriait tout à l'heure s'effaça sous une expression douloureuse. Puis quelques étincelles s'envolèrent, puis tout disparut.

— C'était lui! dit Violette, c'était son âme qui jouait ce jeu sous mes yeux.

Elle se leva.

— Octave! Octave! dit-elle tout haut.

Il lui sembla qu'un écho lointain répétait : Octave! Octave!

VIII

Les mystères du château de Parisis

Une heure après tout le château était rendormi, hormis Violette. Elle s'était couchée, mais elle ne fermait pas les yeux. Elle regardait les dernières braises qui scintillaient dans l'âtre.

Par un de ces hasards qui sont le jeu de la vie, elle se trouvait dans la chambre du duc au lieu de la chambre de la duchesse, parce que la fille du jardinier s'était trompée en allumant le feu.

Parisis avait laissé un souvenir tout vivant dans sa chambre à coucher.

Ses livres, ses journaux, ses cigares, ses

gants, çi une canne, là une cravache, tous les mille riens de la vie étaient éparpillés sur les meubles.

Quand Violette, en religieuse, était revenue au château le jour de l'enterrement d'Octave et de Geneviève, elle avait défendu qu'on touchât à quoi que ce soit, ni chez le duc, ni chez la duchesse, comme s'ils dussent revenir un jour.

Ceux qui ont le respect des morts ne se hâtent jamais de mettre de l'ordre dans le désordre de leur vie. L'ordre! qu'est-ce autre chose que la mort dans la vie?

Quoique toute à ses rêveries, Violette s'aperçut qu'elle avait laissé trois bougies allumées : deux sur la cheminée, une sur la table de nuit. Elle souffla celle qui brûlait près d'elle.

— Voyons, dit-elle en se retournant, il est temps que je dorme si je ne veux pas que ma tête prenne feu.

Elle sentait que la fièvre lui brûlait le cerveau.

Elle finit par s'endormir, mais de ce sommeil terrible que les criminels doivent avoir dans leur tombeau. Ce n'est ni la lumière ni la nuit, ce n'est ni la vie ni le repos.

Comme Violette se retournait, trouvant l'oreiller trop brûlant, elle entr'ouvrit les yeux et vit que la troisième bougie brûlait toujours.

— Il m'arrivera malheur, dit-elle en soulevant la tête.

Elle souffla une seconde fois sur cette bougie.

Quoique les deux autres fussent éloignées et vinssent frapper sur elle bien doucement à travers la guipure des rideaux, elle pensa que ces bougies seules l'empêchaient de dormir. Elle n'osait remuer, mais pourtant elle se décida à aller éteindre les deux bougies sur la cheminée.

La nuit a cela de terrible pour ceux qui ont peur que si on ne la brave pas par la lumière de la lampe ou des bougies, on se sent enveloppé dans le noir linceul, — et que si on allume des bougies — comme on met des sentinelles avancées devant l'ennemi, — on peut s'imaginer qu'on veille un mort — et que ce mort c'est soi-même.

Violette prit le courage d'aller éteindre les deux bougies des candélabres. Après quoi elle ferma ses yeux à triples verroux, elle cacha sa tête sous l'oreiller et pria Dieu pour s'endormir plus tôt.

Une heure après, la pendule qui sonnait la réveilla.

— C'est singulier, dit-elle, il me semble que cette pendule n'allait pas quand je suis entrée dans la chambre.

Violette poussa un cri.

Elle venait de s'apercevoir que les trois bougies brûlaient encore. Elle n'osait ouvrir les yeux tout à fait. Il lui sembla que les trois bougies lançaient des flammes vertes comme sur les trépieds des enterrements.

Elle se cacha encore la tête en se demandant s'il était possible que ce ne fût pas un jeu de son imagination. Avait-elle bien éteint les bougies? N'était-ce pas un songe? Ce qui est certain, c'est qu'elle n'osa se lever une seconde fois; ce fut à peine si elle eut la force, faisant un éventail de sa main, d'éteindre la troisième bougie qui était devant elle.

Violette fut longtemps sans retrouver un

instant de sommeil. Enfin vers le matin elle perdit pied et fut emportée.

Un rêve étrange vint la posséder. Elle le subit avec cette force d'impression qui ferait presque croire que le songe est plus réel que la réalité.

D'abord, ce ne fut qu'une image, comme une ébauche de la figure de Parisis sur la trame blanche. Mais tout à coup il vint à elle, non plus pâle et sanglant comme il lui était apparu tant de fois, mais très enjoué, — l'irrésistible don Juan de Parisis, qui l'avait jetée à ses pieds comme tant d'autres. — Il lui serra la main en l'abordant. Elle tressaillit et cria. Il lui avait fait mal.

— Voyez! lui dit-elle, vous m'avez pressé le doigt contre ma bague.

— Ah! oui, dit-il, c'est la bague que je t'ai donnée! Comme nous étions heureux alors! Je t'aimais tant.

Et pour un instant ce rêve étrange rejeta Violette dans le rêve de son amour. Mais ce ne fut qu'un éclair de joie.

Elle avait penché la tête sur le sein de Parisis. Comme elle la relevait pour voir si c'était bien lui, elle fut effrayée de sa pâleur de mort, elle vit du sang à sa chemise.

— Violette, lui dit-il tristement, te souviens-tu quand nous nous aimions tous les deux ? Nous avions juré que la bague que tu m'as donnée et que je porte toujours, que la bague que je t'ai donnée et que tu portes toujours, nous les échangerions pour le tombeau. Tu n'as pas accompli ton vœu ; voilà pourquoi je reviens aujourd'hui. Depuis que je suis mort, j'attends toujours que tu me mettes cette bague au doigt et que tu reprennes la tienne.

Violette dit à Parisis qu'elle avait juré, en effet, mais qu'il lui serait plus cruel encore dans son malheur de ne plus porter cette bague, le seul témoignage visible de leur amour.

— Je te comprends, dit l'ombre de Parisis ; mais songe à ceci : je serai condamné aux chaînes de la terre, tant que cette bague sera à ta main ; je souffre dans mon tombeau comme dans une prison. Geneviève est partie sans moi parce que j'étais retenu par ta bague. Violette ! Violette ! aie pitié de moi, ne me condamne pas plus longtemps au tombeau.

Tu reprendras ta bague en me donnant la mienne.

Violette se réveilla tout effarée. Quoique le jour commençât à poindre, elle fut longtemps encore dominée par cette apparition d'Octave. Ce n'était qu'un rêve, mais d'une réalité saisissante. Elle avait vu Octave, c'était bien lui, il lui avait parlé. Par quel miracle de l'esprit était-il, plus d'une année après sa mort, revenu ainsi tout vivant? Le son de sa voix lui était resté dans l'oreille. Elle sentait encore l'étreinte douce et violente de sa main. L'illusion avait été si grande qu'elle regarda si sa bague n'avait pas laissé d'empreinte sur le doigt voisin.

— C'est étrange, dit-elle, la marque est bien visible !

Dans la journée, elle appela le curé de Parisis. Il la connaissait bien par la confession ; elle lui conta son rêve. Le curé, naturellement, offrit de dire une messe le lendemain pour l'âme de Parisis.

— Je la dirai, si vous voulez, dans la chapelle du château.

— Non ! dit Violette avec effroi.

On sait que toute la famille de Parisis repose sous cette chapelle, dans une crypte bâtie en marbre des Pyrénées, où brûle éternellement une lampe d'argent. Cette chapelle n'est pas aussi ancienne que le château. Incendiée sous les guerres de religion, elle avait été rebâtie à la fin du seizième siècle, sur cette crypte où l'on avait réuni tout ce qui restait des morts anciens. Au dix-septième et au dix-huitième siècles, les Parisis étaient venus tour à tour prendre leur place dans ce tombeau de famille, mais ce n'était que depuis la mort de la mère d'Octave qu'une lampe y brûlait jour et nuit. La mère d'Octave avait horreur des ténèbres; la piété filiale avait voulu que la nuit fût moins noire; c'était Octave lui-même qui avait allumé la lampe.

Plus d'une fois, sans doute, la lampe s'était éteinte, mais un des serviteurs du château devait y veiller sans cesse; aussi l'appelait-on *l'homme à la lampe*. Cette fonction funèbre avait répandu sur sa figure je ne sais quel air sépulcral qui lui donnait de mauvais points chez les filles du pays; aussi, quand il voulait rire un peu, on lui disait : « Va donc allumer ta lampe ! »

A ses deux pèlerinages à Parisis, Violette avait été prier dans la chapelle, mais elle n'était pas descendue dans la crypte, quelque désir qu'elle en eût maintenant, elle n'osait même plus aller dans la chapelle. Ce fut donc à l'église de Parisis qu'elle accompagna le curé pour la messe des morts.

Après la messe, elle se sentit un peu apaisée. Elle avait versé son cœur devant Dieu; son cœur qui débordait toujours ! Mais dès qu'elle se retrouva au château, le souvenir du songe lui revint jusqu'à la fièvre. Elle regardait sa bague et se disait souvent :

— C'est vrai que je lui avais juré de lui rendre cet anneau quasi-nuptial, puisqu'il me disait alors qu'il n'aurait pas d'autre femme que moi !

C'est qu'elle était partie, c'est qu'il la croyait morte. Pour elle, comme pour lui, c'était la consécration d'un amour qui pouvait se passer du sacrement par sa grandeur même.

Pourquoi n'avait-elle pas rendu cette bague à Octave à l'heure de son mariage avec

Geneviève ? Pourquoi lui-même ne lui avait-il pas renvoyé la sienne ?

Elle se promena dans le parc. Elle alla s'asseoir au pied de cette petite fontaine où une nuit elle était apparue à Hyacinthe, une nuit où elle avait voulu voir d'un peu plus près le bonheur d'Octave et de Geneviève.

A son réveil, Violette avait demandé M. Rossignol; mais l'intendant était parti pour Paris, appelé par les gens de loi, pour le procès de la succession Parisis.

— Si Hyacinthe était là, dit Violette, elle me consolerait.

Elle envoya tout de suite un messager à Dijon avec un petit mot très tendre où elle priait la jeune femme de venir passer quelques jours avec elle.

Elle ne doutait pas que Hyacinthe n'obtînt cette grâce de son mari, d'autant qu'elle savait bien que l'amoureux était plus amoureux de l'éloquence que de sa femme. Hyacinthe, tout heureuse qu'elle fût, lui avait dit avec sa gaieté spirituelle : « Mon mari ne m'aimera bien que quand il aura plaidé pour moi ou contre moi. »

Le messager, — c'était Montal, l'homme à la lampe — revint de Dijon avec un air désorienté.

— Madame Lacombe, ci-devant mademoiselle Hyacinthe, l'amie de la duchesse, votre amie, mademoiselle, est séparée d'avec son mari.

— Comment, séparée ! s'écria Violette qui ne voulait pas croire.

— Oh ! sans bruit et sans scandale. Elle s'en est tout simplement allée avec un amoureux.

— C'est impossible.

— Ah ! madame, que de choses impossibles je vois tous les jours ! Ce n'est pas pour dire, mais quand on fréquente les morts en même temps que les vivants, on ne s'étonne plus de rien.

— Voyons, Montal, est-ce que vous croyez aux revenants ?

— Si j'y crois, madame ! J'y crois à ce point que je finirai un jour par ne plus vouloir être l'homme à la lampe.

— Expliquez-vous.

— Vous savez, madame, les visions ne s'expliquent pas. Ce qui est certain, c'est que je suis le plus brave qui soit au château. Dites un peu à Etienne ou au jardinier de faire le service de la chapelle. Vous verrez ce qu'ils vous répondront.

— Cet idiot-là, pensa Violette, me troublerait l'esprit si je l'écoutais plus longtemps.

Et elle reprit tout haut :

— Ne parlons plus de cela. Que vous a-t-on dit à Dijon ?

— Primo, M. Lacombe est parti pour Paris, sans doute pour courir après sa femme. Secundo, on m'a conté qu'un beau monsieur inconnu à Dijon avait appelé un soir la dame et que, séance tenante, il s'était enfui avec elle.

Violette se demandait comment il était possible que cette adorable Hyacinthe, née pour toutes les vertus, se fût laissé prendre comme cela.

L'homme à la lampe s'éloignait après avoir salué.

— Montal, encore un mot. Est-ce que vous êtes fou pour vous imaginer que les morts sortent de leurs tombeaux ?

— Oui, madame, je suis assez fou pour m'imaginer cela.

— C'est quand vous trouvez la lampe éteinte que vous avez des visions ?

— Non, madame, ce n'est pas du côté des morts que je vois des figures de l'autre monde, c'est du côté des vivants.

— Et quelles sont ces figures-là ?

— Monsieur le duc de Parisis, pour ne pas aller plus loin.

— Lequel ? Ce n'est pas Octave, j'imagine ?

— Si, madame, c'est celui-là.

— Et où l'avez-vous vu ? Et quand l'avez-vous vu ?

— Tenez, madame, croyez-moi si vous voulez, faites comme les autres qui se moquent de moi ; mais dans le mois de novembre, j'avais un mal de dents qui me rendait fou. Je couche là-bas dans une mansarde de l'aile droite. Il était bien une heure du matin ; je me promenais dans ma chambre ; tout à coup je vois passer devant le parterre une ombre noire. Les chiens hurlaient. Voilà le terre-neuve qui accourt. Je croyais qu'il allait dévorer le fantôme, mais pas du tout ; c'était sans doute de vieilles connaissances ; on s'est embrassé comme des amis et on a disparu ensemble. Je voulais descendre et appeler, mais j'avais peur et je me recouchai. Une heure après, nouvelle rage de dents. Je me remets à la fenêtre. En voilà bien d'une autre ! Je vois passer une lumière au premier étage du château. Cette fois mon devoir me donne du courage. Je descends des mansardes dans la bibliothèque ; je connais bien tout le dédale ; je traverse la salle d'armes, je suis le grand corridor, je me perds, je me retrouve ; j'entends un bruit de pas, je respire une odeur de cigare. J'étais à la porte de la chambre du duc de Parisis. C'était lui à n'en pas douter. Je prends mes jambes à mon cou pour retrouver mon lit et m'y cacher dans mon épouvante.

— Quoi ! vous n'avez pas eu le courage de demander qui était là ?

L'homme à la lampe regarda Violette d'un air surpris.

— Je voudrais bien vous y voir, madame ! Je ne suis pas déjà pas très hardi pour parler aux vivants, mais oser parler aux morts ! J'aimerais mieux donner ma démission. Mais, en attendant, il est temps d'aller mettre de l'huile dans ma lampe.

Quand Violette fut seule, elle pensa que cet homme avait eu un songe comme elle-même. Toutefois elle était plus troublée encore. Elle se demanda comment elle pourrait passer tout un mois à Parisis sans une amie. Elle envoya une dépêche télégraphique à mademoiselle de Saint-Réal qui lui répondit le soir qu'elle viendrait dans quatre jours.

Il n'y avait donc plus que quatre nuits à passer, mais c'était quatre abîmes de ténèbres.

Elle se rappela alors la jeune étrangère qui était venue si mystérieusement habiter la Roche-l'Épine, cette châtellenie si longtemps abandonnée par la famille de la Chastaigneraye. Elle voulut y aller le jour même.

Toute l'écurie du duc de Parisis avait été vendue au duc de Hamilton pour lord Sommerson. Il n'y avait plus au château que deux chevaux pour le service de l'intendant, mais les chevaux étaient toujours au service de sa fille, qui habitait à trois lieues de là. Il n'y avait donc pas moyen de se faire conduire à la Roche-l'Épine, à moins d'y aller à âne.

Ce fut ce que fit Violette dans son impatience. Elle fut très gracieusement accueillie par l'étrangère; mais elle eut beau faire, elle ne put obtenir un seul mot ni d'elle ni de sa suivante. C'étaient deux énigmes. On lui offrit du lait, du vin, des biscuits; on lui montra quelques tableaux de chasse et on la reconduisit à son âne. Ce fut tout.

Elle s'en revint en admiration de la beauté douce et grave de la jeune fille, se promettant bien de savoir enfin pourquoi elle était là.

Violette dîna tristement. Il lui semblait que c'était le dîner des morts dans le silence du tombeau.

Vers onze heures, à peine fut-elle endormie, qu'elle retomba dans le même rêve. C'était toujours Octave qui lui redemandait sa bague, cette fois impérieusement.

Le lendemain, seconde visite du curé. Il lui conseilla de se confesser et de communier. Violette obéit. C'était le matin, le curé avait déjà dit sa messe de huit heures, mais il offrit de dire une seconde messe pour la communion.

Violette se confessa et communia. Mais elle ne se délivra pas de l'obsession d'Octave. Il était là, toujours là, qui lui disait : « Je souffre parce que cette bague que je ne puis briser est un anneau fatal qui attache mon âme à mon corps. »

— Dites-moi, monsieur le curé, dit Violette après la messe, serait-ce donc une violation des tombeaux que d'ouvrir celui de M. de Parisis, pour lui remettre pieusement dans la main cette bague qui est devenue mon supplice ?

— Oui, madame, ce serait une violation des tombeaux. La mort est séparée de la vie par l'abîme de l'infini, l'ange de la mort vous frapperait de sa vengeance. C'est la sentinelle avancée de Dieu lui-même.

Violette pensait pourtant que ce n'était pas là un sacrilége de consoler les morts.

— Tout ce que vous pouvez faire, reprit le curé, c'est d'aller déposer cette bague sur le tombeau. Si vous voulez, je vous accompagnerai et nous prierons ensemble pour le repos de cette âme en peine.

Violette fit un signe affirmatif. Elle dit à l'homme à la lampe qu'elle allait descendre dans la crypte.

Cinq minutes après, elle précédait le prêtre dans la chapelle où elle commença à prier.

Ce fut avec une terrible émotion qu'elle

descendit l'escalier en spirale de la crypte. Quoique Montal la précédât avec un chandelier d'argent à deux branches pris tout allumé sur l'autel de la chapelle, quoiqu'elle fût suivie du curé de Parisis, il lui semblait qu'elle n'aurait pas la force de remonter et qu'elle allait s'abîmer au milieu des tombeaux.

Le candélabre tremblait dans la main de Montal, ce qui faisait vaciller la lumière.

Violette n'était venue là qu'une fois, le jour de l'enterrement du duc et de la duchesse, quand Monjoyeux et le prince Bleu lui avaient rappelé la légende : *L'amour donnera la mort aux Parisis. L'amour des Parisis donnera la mort.*

Il ne fallut pourtant pas montrer à Violette le tombeau d'Octave. Elle y alla tout droit et y posa les deux mains en tombant agenouillée.

Les couronnes de roses blanches qu'y avait mises mademoiselle Hyacinthe n'étaient pas encore tombées en poussière, mais le velours du tombeau avait été presque tout dévoré par les rats.

— Voyez, dit l'homme à la lampe, ces coquins de rats ne respectent rien. Ah! ils n'ont pas peur des morts, ceux-là! Savez-vous pourquoi ils ont ravagé ce tombeau ? C'est pour faire un nid à leurs petits. Je vous montrerai cela tout à l'heure. J'ai beau leur faire la chasse, ils sont plus obstinés que moi.

Violette était indignée. Elle ne pouvait pardonner aux rats de venir ainsi profaner la majesté de la mort.

— C'est étonnant, dit le curé, par où viennent-ils donc? car enfin cette crypte est revêtue en marbre jointillé de ciment romain!

— Ah! oui, mais savez-vous, monsieur le curé? Un rat passe par le trou d'une aiguille. J'ai appelé trois ou quatre fois les maçons; j'ai mis des piéges. Si j'osais, j'enfermerais ici un chien terrier.

— Il faut faire cela, dit Violette, j'aime bien mieux pour Octave et pour Geneviève la compagnie d'un chien terrier que la compagnie des rats.

— C'est vrai, dit l'homme à la lampe, mais le chien mourrait de peur et serait mangé par les rats.

Violette avait pieusement déposé sa bague

sur le tombeau, près des couronnes fanées.

Elle se releva, elle fit une seconde fois le signe de la croix et elle s'inclina sur le tombeau de Geneviève en éclatant en sanglots.

Le curé de Parisis l'entraîna vers l'escalier.

— Voyons, madame, du courage, il ne faut pas trop pleurer les morts.

Quand Violette se retrouva dans le parc, elle se sentit mieux. Elle remercia le curé et lui dit :

— Je n'aurai plus peur.

IX

Le jeu de la mort

Violette ne pouvait fuir l'obsession d'Octave; elle le voyait la nuit, elle le voyait le jour.

Par un soleil resplendissant, elle traversa la salle d'armes qui s'ouvrait sur le parc par une porte formée d'une glace sans tain roulant sur un petit chemin de fer.

Comme elle essayait de l'ouvrir, elle vit se jouer dans la lumière, sur un sombre massif, la figure du duc de Parisis. Elle tressaillit et recula d'un pas. C'était bien lui. C'était si bien lui qu'elle reconnut dans son sein la marque d'une balle. La nuit elle se fût enfuie, mais par ce beau soleil le moyen de ne pas être brave !

C'était lui, toujours lui, des pieds à la tête, avec sa désinvolture et son sourire. Il était là vivant, il regardait Violette qui ne comprenait rien à cette vision.

Ce n'est sans doute qu'une vision, dit-elle soudainement émue, puisque la figure paraît diaphane.

Tout le monde a observé les jeux étranges de la réverbération, par-delà une glace sans tain. Violette finit par s'apercevoir qu'elle se voyait elle-même devant Octave.

Cette fois elle fut glacée de terreur. Puisque la glace sans tain réfléchissait sa figure, c'est que la figure d'Octave était derrière elle.

Elle n'osait se retourner, elle se demandait si c'était une supercherie de son imagination. Elle ne pouvait croire que Parisis fût là presque penché au-dessus d'elle. Tout en tremblant, quoiqu'elle eût hâte de savoir la vérité, elle voulait garder son illusion. Depuis la mort d'Octave, hormis dans les rêves, elle ne l'avait jamais vu ainsi.

Elle se retourna et elle faillit se trouver mal.

Octave était là comme il était de l'autre côté de la glace.

Voici l'explication de cette scène toute théâtrale. On avait fait plus d'un portrait du duc de Parisis; le plus ressemblant était depuis longtemps sacrifié, parce qu'on le trouvait plus grand que nature. On l'avait relégué çà et là, toile sans cadre, destinée à être brûlée. Un jour qu'on tirait au pistolet, Octave s'était imaginé de se prendre lui-même pour but et on avait découpé ce portrait sur une planche. Voilà comment cette silhouette se trouvait dans la salle d'armes, debout, appuyée contre un poteau.

Les portraits seraient bien plus ressemblants s'ils étaient ainsi sans fond et sans cadre. Mais l'art ne serait plus qu'un odieux trompe-l'œil.

Violette avait beau se dire que c'était un portrait, elle s'éloigna toute tremblante en pensant qu'elle n'oserait plus passer par la salle d'armes, même en plein soleil.

Mais la nuit le songe de la veille vint l'obséder encore. Elle voyait dans son tombeau le duc de Parisis qui voulait briser le couvercle pour prendre la bague. Puis il venait à elle et lui disait :

— Ce n'est pas ainsi que tu devais me rendre cette bague, tu devais me la mettre au doigt comme Geneviève a mis la mienne le jour de notre mariage. Depuis que tu l'as posée sur mon cercueil je me sens plus emprisonné encore. Je ne veux pas de cette bague, je te la rapporte.

Et il mettait la bague au doigt de Violette. Et il lui serrait la main avec amour et avec colère.

Elle se réveilla au milieu de la nuit. La comédie du rêve était si réelle qu'elle croyait que le duc de Parisis était là.

— Octave ! Octave ! ayez pitié de moi !

Elle sentait encore la main douce et terrible qui pressait la sienne.

Quelle ne fut pas sa surprise quand elle s'aperçut que la bague qu'elle avait déposée sur la tombe d'Octave était revenue à son doigt.

X

Que va faire Violette à Paris

Je n'invente pas un mot dans toute cette histoire. Les choses se sont passées ainsi. J'en pourrais prendre à témoin le curé de Parisis, qui n'est ni un esprit faible, ni un esprit fort.

Violette ne se rendormit pas cette nuit-là. Elle alluma la bougie et se mit à lire. Elle avait peur de devenir folle. Elle se demandait s'il était possible que la bague fût à son doigt.

— L'ai-je bien laissée sur le cercueil?

Il lui semblait qu'elle la voyait encore briller près de la couronne fanée.

Violette ne voulut pas attendre quatre jours

dans de pareilles terreurs, elle partit pour Paris en disant aux gens du château qu'elle allait revenir bien vite.

Elle se fit conduire chez mademoiselle de Saint-Réal. Quoique ce fût sur le soir elle la trouva tout endormie encore.

— Comment, lui dit-elle, c'est pour dormir que vous restez à Paris

Elles s'embrassèrent comme deux sœurs, que dis-je! comme deux amies.

— Oh! dit Bérangère, le jour j'ai le temps de tout faire, même de dormir, mais la nuit ne m'appartient pas. Voilà pourquoi je ne suis pas allée courrier par courrier au château de Parisis.

— Vous avez donc vendu votre âme au diable pendant la nuit?

— Oui, ma chère Violette. Pourquoi vous cacher que je suis en train de me damner?

— C'était déjà fait.

— Eh bien, oui ; mais voilà ce que le péché a de beau, c'est qu'on a beau avoir péché beaucoup, on a toujours les mêmes émotions quand on pèche si on est une fille bien née, comme vous et comme moi. Je ne comprends pas celles qui disent : « Les horreurs du péché ; » moi je dis : « les délices du péché. »

Violette sourit tristement.

— Ne dites donc pas cela, ma chère amie, vous avez la fatuité du vice, mais au fond vous n'avez que les nuages de l'amour. Vous êtes née romanesque comme moi, voilà tout, vous donnez à tête perdue dans les joies du carnaval, mais sans vous laisser prendre.

— Sans me laisser prendre !

Mademoiselle de Saint-Réal joua des doigts comme si elle montrait des oiseaux qui s'envolent.

— Je sais, reprit-elle, qu'on ne me garde pas. Mais il est bien question de cela ! Parlez-moi de cette pauvre duchesse, parlez-moi de Santa-Cruz, parlez-moi de vous-même.

Violette mit les points sur les I à toute cette étrange histoire de la mort des deux amoureux qu'on avait enfin retrouvés dans les bras l'un de l'autre, comme Francesca di Rimini et Paolo Malatesta.

Quoique mademoiselle de Saint-Réal aimât beaucoup la duchesse, elle ne put s'empêcher de montrer l'inquiétude d'une héritière.

On sait qu'elle devait avoir vingt-cinq mille francs de rente. Elle demanda à Violette si la succession était ouverte.

— Je le crois, lui répondit son amie, car je sais que Monjoyeux, qui est l'homme du monde le plus désintéressé, a été appelé à Milan pour s'arranger avec le duc. Vous ne tarderez pas à avoir des nouvelles.

— C'est triste, le cœur humain, dit Bérangère, mais si les morts ne laissaient rien, on se consolerait bien moins de les perdre. Je ne dis pas cela pour vous, qui ne vous consolerez jamais d'avoir perdu Parisis, quoique vous soyez son héritière.

Violette sourit tristement :

— Jusqu'aujourd'hui je n'ai pas fait acte d'héritière, à part ma dernière visite au château de Parisis. Et cela ne m'a pas réussi.

Violette raconta toutes ses frayeurs ; elle supplia mademoiselle de Saint-Réal de retourner tout de suite avec elle.

— Je le veux bien, mais à une condition, c'est que vous viendrez demain avec moi au bal de l'Opéra. Cela vous changera : tous vos papillons noirs vont s'envoler.

Violette qui, on s'en souvient, avait pendant toute une saison couru toutes les fêtes parisiennes, ne connaissait pas le bal de l'Opéra. Quoiqu'elle ne fût pas bien curieuse de ce spectacle, elle ne fit pas de façon pour promettre à son amie qu'elle irait avec elle.

On passa toute une heure à parler du passé, à rappeler tout le charme et tout l'esprit de la duchesse de Montefalcone, à regretter cette femme si héroïque dans son amour et dans sa vertu.

— Elle m'avait consolée de Geneviève, dit Violette en embrassant Bérangère. Il faut que vous me consoliez d'elle-même.

Elle demanda si on avait beaucoup parlé du drame du lac Majeur :

— Ne connnaissez-vous donc pas Paris, ma chère Violette ? Il n'y a que les passions au vin bleu qui y fassent vraiment du bruit. Tout ce qui se passe sur la terre étrangère n'arrive ici que comme un écho lointain et affaibli. Parisis était le roi de Paris : on a à peine parlé toute une journée de la catastrophe d'Ems. Santa-Cruz et la duchesse de Montefalcone avaient éveillé toutes les curiosités : croyez-vous qu'on a admiré ici cette grande action de Bianca qui n'a voulu se donner à l'amour qu'en se donnant à la mort ? On en a ri ; il n'y a plus rien de sacré pour le boulevard. Voilà pourquoi, ma chère amie, je n'ai nul souci de ma vertu, voilà pourquoi je vais ce soir au bal de l'Opéra.

— Vous avez peut-être raison, murmura Violette.

— Voyez-vous, le flot de Paris c'est le Styx. L'oubli ! l'oubli ! l'oubli ! Ceux qui vivent pour le lendemain sont des fous, ceux qui vivent au jour le jour sont des sages. Je me trompe, les sages sont ceux qui vivent la nuit.

— Tudieu ! ma belle, vous avez encore des opinions plus avancées qu'à mon départ.

On avait déjeuné, il était cinq heures, on vint avertir mademoiselle de Saint-Réal que son coupé l'attendait.

— Allons au Bois, dit-elle gaiement.

— Jamais ! répondit Violette, qui avait toujours peur de se montrer.

— Allons, allons ! je vous donnerai un double voile, vous aurez un double succès, car on n'aura d'yeux que pour vous. Tout le monde voudra savoir quelle est cette femme qui se cache à côté de moi.

Violette obéit avec bonne grâce.

Au Bois elle reconnut bien des figures, le prince Rio entre autres, qui la reconnut elle-même. Il vint causer à la portière du coupé.

Il lui conseilla de ne plus voyager et de jeter une bonne fois pour toutes son deuil aux orties.

Violette se laissait prendre sans le vouloir à la gaieté parisienne. Elle ne pouvait s'expliquer cette variabilité de l'âme accessible à tous les désespoirs et à toutes les consolations. Elle se demanda sérieusement si le cœur humain n'était pas soumis comme le corps aux changements de température. A Parisis, elle vivait la veille dans un tombeau, au bord du Lac elle vivait dans un rayon.

Le prince Rio, en disant adieu à Bérangère, lui dit de se défier de lord Sommerson.

— Quoi ! lord Sommerson est à Paris ? Je le croyais parti pour la Suède.

— Oui, mais il s'est arrêté en chemin.

— Est-ce que vous le connaissez? demanda Violette à son amie.

— C'est encore un irrésistible comme Parisis, le prince Rio, Santa-Cruz et quelques autres. Mais je m'amuse à le faire poser. Vous le verrez ce soir, car il viendra dans ma loge.

— Je l'ai déjà vu.

— Où donc?

— A Venise, où il n'a fait que passer. Ne trouvez-vous pas qu'il ressemble à Parisis?

— Peut-être, mais je n'ai jamais bien vu le duc de Parisis. Ce qui est certain, c'est que lord Sommerson est un irrésistible.

— Moi je n'ai pas peur des irrésistibles.

— Il ne faut jamais jurer de rien devant son cœur.

XI

La maison de Socrate

Violette était décidée, à Venise, à habiter l'hôtel Parisis à son retour à Paris, mais comme elle n'y venait que pour trois ou quatre jours, elle descendit au Grand-Hôtel.

D'ailleurs elle n'avait pas encore été mise en possession de la fortune du duc et de la duchesse de Parisis.

Dans toute belle succession il y a les héritiers naturels et les héritiers surnaturels. Le premier héritier surnaturel c'est l'État, qui ne prend que des deux mains; l'État, un pauvre s'il en fût. Après l'État ce sont les gens de loi; des corbeaux croassant sur l'héritage;

ceux-là se tiennent sur la succession le plus longtemps possible, ils y mettent la griffe et ne lâchent la proie aux héritiers naturels que quand ils n'ont plus faim.

Violette avait donné ses pouvoirs à un avocat célèbre qui, naturellement, trouva là un nid à procès. Comme disent les Normands, on sait bien quand un procès commence, on ne sait pas quand il finit. La succession Parisis était ouverte, mais les armoires étaient fermées.

Avant son mariage, quand mademoiselle de La Chastaigneraye s'était imaginé qu'elle mourrait avant Violette, elle lui avait donné tout ce qu'elle avait par un testament en bonne forme déposé chez son notaire de Tonnerre. Une fois mariée, croyant Violette morte, Geneviève n'avait plus songé au testament. Or par sa mort à elle-même le testament eut force de loi puisque Violette vivait. Le duc de Parisis aussi avait fait son testament avant son mariage, sur le point de repartir pour le Pérou. Il avait partagé sa fortune entre ses deux cousines. C'était grâce à ces deux testaments que Violette revendiquait presque toute la succession, sauf à faire elle-même la part des autres héritiers.

Violette d'ailleurs n'avait nulle impatience, seulement elle aurait voulu qu'on lui donnât tout de suite l'hôtel et le château de Parisis. Elle faisait bon marché du reste, quoiqu'elle s'habituât à dépenser beaucoup d'argent.

Mais les procès étaient engagés, on attaquait les testaments, on avait envoyé un expert au Pérou pour estimer la mine d'argent des Cordillères. En attendant, tous les revenus étaient sous le séquestre.

On avait pourtant autorisé Violette à habiter le château de Parisis, mais sans y prendre droit de cité. Seulement son avocat lui avait dit : « Faites comme si vous étiez chez vous. » On avait fini également par lui donner la clef de l'hôtel de l'avenue de l'Impératrice, mais le cabinet d'Octave restait sous les scellés parce que tous les papiers étaient là.

Un an auparavant elle s'y était aventurée en compagnie de la chanoinesse rousse et de mademoiselle de Saint-Réal. Un jour même elle s'y était enfermée toute seule comme pour s'y ensevelir dans le souvenir d'Octave. Sa douleur avait été si vive qu'elle n'y était pas retournée de longtemps; mais quand à Venise elle prit le parti de vivre plus que jamais dans la religion de son amour, elle résolut d'habiter, à son retour à Paris, l'hôtel de Parisis.

Monjoyeux, revenu de Rome depuis quelques jours, l'encouragea dans cette idée. Il lui représenta qu'elle avait trop vécu en oiseau, s'envolant de branche en branche. Selon lui elle devait bravement prendre pied dans l'hôtel de Parisis et y recevoir ses amis. Il ne doutait pas qu'elle n'eût bientôt un cercle aussi brillant que celui de la duchesse de Montefalcone.

— Voyez-vous, lui dit-il, les imbéciles ne viendront pas chez vous, mais comme vous n'inviterez que des gens d'esprit votre maison sera la maison de Socrate.

XII

Pages du passé

Le lendemain, après une seconde visite à Bérangère, Violette alla voir la chanoinesse rousse devenue la marquise de La Chanterie.

Elles pleurèrent ensemble la duchesse de Montefalcone. Jamais oraison funèbre ne fut plus éloquente que par la bouche des deux amies de Bianca.

La marquise apprit à Violette qu'on vendait le jour même le mobilier des Champs-Élysées. Le duc de Montefalcone était revenu à Paris avec sa maîtresse, il avait visité l'appartement de sa femme, mais il avait dit qu'il ne rachèterait rien si ce n'est son épée milanaise, cette lourde épée que la duchesse maniait si légèrement depuis qu'elle avait vengé le comte de Prémontré.

La marquise et Violette convinrent d'aller à la vente.

Elles déjeunèrent ensemble. La Chanterie survint et se mit à table. Il n'y resta pas dix minutes, emporté qu'il était comme toujours par le tourbillon des affaires.

— Vous n'aurez donc jamais assez d'argent? lui demanda Violette.

— Non, répondit-il, plus on est riche moins on a d'argent.

Parole de fou, parole de sage.

Elles montèrent en voiture et elles pénétrèrent à travers la foule panachée qui s'agitait autour du commissaire-priseur.

C'était horrible ! Tout ce qui faisait la joie des yeux dans ce beau salon était adjugé « au dernier enchérisseur. » Il y avait là beaucoup de filles galantes qui voulaient dire le soir :

— J'ai rapporté ce tableau, cette statuette ou cette pendule de la vente de la duchesse.

Quelques-unes n'eussent pas dédaigné d'acheter des robes, mais Violette et Éva donnèrent l'ordre de racheter pour elles toute la garde-robe et tout le linge.

Aujourd'hui que la robe tient tant de place dans la vie de la femme, comme le péplum dans l'antiquité, ne retrouve-t-on pas un peu la femme dans sa robe ? Il y a là je ne sais quoi qui parle d'elle. La robe s'anime, elle répand encore le parfum, elle semble marcher avec la même grâce, on ne peut pas s'imaginer que le cœur ne batte plus sous ce corsage.

Les deux amies s'en allèrent fort tristes d'avoir vu tout ce pillage d'une vente après décès. Elles se consolaient un peu en pensant qu'elles auraient une part des souvenirs matériels.

Violette demanda naïvement à la chanoinesse si elle était heureuse. La jeune mariée lui répondit par cette phrase énigmatique :

— Qu'est-ce que le bonheur ?

XIII

L'ivresse

On était à la mi-carême — le dernier bal de l'Opéra — un entr'acte dans les six actes de la pénitence.

Violette se laissa entraîner à l'Opéra un peu après minuit avec mademoiselle de Saint-Réal, qui lui promit beaucoup de surprises.

Quoique Violette fût bien encapuchonnée dans son domino, elle ne voulut pas s'asseoir sur le devant de la loge. Elle se tint dans le coin le plus obscur du petit salon. Elle vit passer un à un tous les amoureux de mademoiselle de Saint-Réal qui s'amusait comme une folle et qui étonnait les plus aguerris par sa phraséologie — académique. On n'avait jamais plus spirituellement « engueulé » son monde.

Violette avait beau vouloir s'élever au diapason, elle restait à mi-chemin, quoiqu'elle ne manquât pas d'à-propos.

On attendait toujours le marquis de Sommerson ; comme les grands rôles, il ne paraissait qu'après les comparses.

En entrant, il se prit les pieds dans la traîne de Violette.

— Un Romain n'irait pas plus loin, dit-il.

Et au lieu de s'avancer sur le devant de la loge où l'attendait mademoiselle de Saint-Réal, il prit place sans façon sur le canapé de Violette.

Au bal de l'Opéra, la présentation est bientôt faite.

— Madame, dit-il à Violette, je vois bien que tu n'es pas ici pour moi. Voilà pourquoi je vais t'aimer à toute vapeur.

Le marquis, homme expérimenté s'il en fut, avait déjà vu les pieds et les mains de Violette.

— Fille bien née, dit-il, veux-tu me montrer le reste ?

— Je ne me démasque jamais, dit Violette.

— Tu n'as jamais montré ton cœur à nu ?

— Non, pas même à moi.

Violette regardait beaucoup le marquis de Sommerson.

— Je n'ai pas de masque, moi, mais tu peux me regarder, tu ne trouveras pas mon cœur, par une bonne raison, c'est que je n'en ai pas.

— Ou plutôt, c'est que tu en as un et que tu le caches, ou plutôt encore, c'est que tu l'as laissé chez ta femme ou chez ta maîtresse.

— Ma femme et ma maîtresse, c'est toi.

Le marquis serpentait du bras sur la ceinture de Violette. Elle voulait d'abord s'indigner, mais elle était au bal de l'Opéra. Et, d'ailleurs, elle éprouvait un vif plaisir à cette rencontre imprévue. Le timbre de la voix du marquis résonnait dans son cœur. Quoiqu'il marquât l'accent anglais, elle y retrouvait je ne sais quel accent de Parisis.

Ceux qui ont aimé, n'ont jamais nié le charme des ressemblances. L'amour se prend à toutes les illusions. Non-seulement Violette trouvait que le marquis avait la voix de son cousin, mais il avait quelque chose de sa figure et de ses manières. C'est au point qu'elle demanda au marquis de Sommerson s'il avait toujours porté toute sa barbe. Il lui répondit qu'il était un sauvage, qu'il avait vécu dans les forêts de l'Écosse, qu'il n'avait jamais songé à faire de sa figure un jardin à la française.

— Pourquoi me demandes-tu ça, madame ?

— C'est que tu as un air de famille avec un homme que j'ai beaucoup connu.

— Tu veux dire que tu as beaucoup aimé. Eh bien, ma belle amie, je suis ton homme, prends-moi pour continuer ton jeu. Je me sacrifie à ta passion, j'abdiquerai pour être l'autre. Qu'est-ce que la vie du cœur ? Un chemin de croix où chaque station est une illusion douloureuse.

— Tu as donc aimé ? demanda Violette au marquis.

— Si j'ai aimé !

Il l'appuya sur son cœur et l'emprisonna dans ses bras avec une violence qui fut une douceur. Elle se sentit tout d'un coup dans les flammes vives de la passion, l'âme soudainement embrasée, le corps éperdu et tressaillant sous les étincelles. Elle voulut se défendre, elle n'en eut pas la force. Depuis les heures d'amour qu'elle avait passées avec Parisis, elle n'avait jamais éprouvé pareille joie. Elle avait cru aimer Santa-Cruz, lui aussi l'avait appuyée sur son cœur, mais il ne l'avait pas ainsi métamorphosée.

— Qui êtes-vous donc ? dit-elle au marquis.

Comme il l'embrassait sous son masque, il sentit des larmes couler sur ses lèvres.

XIV

La coupe amoureuse

— Ho hé là-bas ! cria mademoiselle de Saint-Réal qui trouvait que le marquis s'attardait un peu trop dans la traîne de Violette.

— On y va ! on y va ! répondit-il.

Et se penchant à l'oreille de Violette :

— Ne crains rien, murmura-t-il, c'est toi que j'aime.

Le marquis de Sommerson s'approcha gravement de mademoiselle de Saint-Réal.

— Dites-moi donc, lui dit-elle, vous faites l'école buissonnière ?

— Dites-moi donc, lui dit-il, pourquoi mettez-vous le diable sur ma route ?

— Le diable ! vous n'avez pas reconnu que c'était un ange ? Vous n'êtes pas trop bête, vous, vous mettez la main sur la plus adorable créature de Paris. Mais halte-là, elle s'est confiée à moi et je ne vous la confierai pas.

Violette, sur un signe de son amie, s'avança sur le devant de la loge. Elle obéissait, sans le vouloir, à un doux entraînement, puisqu'elle avait juré qu'elle resterait dans son coin. On causa beaucoup. On dit des folies, mais à travers les gaietés carnavalesques, le marquis eut l'art de jeter çà et là quelques mots de sentiment comme s'il connût bien Violette. En effet, elle n'était pas de celles qu'on prend par l'esprit, mais de celles qu'on prend par le cœur.

Il vint beaucoup de monde dans la loge, mais lord Sommerson ne laissa pas envahir Violette. Quoique Bérangère le détachât souvent d'une causerie trop intime, en disant qu'elle était jalouse, il continua son jeu passionné et sentimental tout en riant comme les autres.

Violette était bien heureuse, elle se retrouvait à ces premières ivresses lumineuses de l'amour, qui sont pour l'âme comme l'aube qui se lève sur la nuit. Elle s'abandonnait à son cœur sans se demander l'explication de cet entraînement. Elle subissait, d'ailleurs, l'influence de la joie universelle qui se trémoussait dans la musique d'Offenbach et de Métra. Ce n'était pas Strauss qui conduisait l'orchestre, c'était le diable.

A quatre heures, quand le marquis proposa d'aller souper, elle ne fit pas de façons pour accepter, comme si elle dût continuer son rêve au Café Anglais. Elle aurait voulu que cette nuit durât toujours.

On arriva donc, pour souper, dans un salon réservé. Violette ne s'inquiéta pas du tout de la bonne ou de la mauvaise compagnie, elle alla s'asseoir entre mademoiselle de Saint-Réal et lord Sommerson. Ce n'était pas l'affaire de Bérangère, qui était fort amoureuse du marquis, mais elle pouvait bien se sacrifier pendant une heure, d'autant plus que le prince Rio était là.

Si le souper fut gai, si celui-ci fut spirituel, si celle-ci fut drôle, si tout le monde eut le diable au corps, Violette n'en sut rien, ni lord

Sommerson non plus. On avait beau les interpeller, rire de leur sentimentalisme, leur jeter des écorces de mandarines, des pépins de pommes d'api, ils étaient à mille lieues de là, tout entiers à leur chimère.

Violette, qui ne buvait jamais, trempait à chaque instant ses lèvres dans la coupe à vin de Champagne comme pour se mettre au diapason de la gaieté. A la fin, le Mumm lui monta à la tête, si bien que dans le tohu-bohu du départ, elle trouva tout simple de prendre le bras du marquis. Il était, d'ailleurs, plus irrésistible que jamais.

Cette femme, qui se croyait désormais imprenable, se laissa prendre comme la première venue. Le marquis l'avait tout d'un coup arrachée au passé, elle ne voyait plus que lui, elle ne se voyait plus elle-même.

Elle monta dans la voiture du marquis, en lui disant :

— Vous allez me conduire et vous me mettrez à ma porte.

— C'est vous qui me mettrez à la porte.

Lord Sommerson conduisit Violette au Grand-Hôtel.

Les Persans disent : « Si la porte s'ouvre pour une amoureuse, l'amoureux passe comme son ombre. »

Quand Violette se réveilla de son rêve, il était trop tard. Le marquis l'avait conquise corps et âme.

— Adieu, lui dit-il avant le jour.

Elle tendit les bras : il était parti !

Elle soulevait sa chevelure comme pour échapper à la folie quand elle trouva — un premier poignard, — puis un second poignard — comme à Venise.

Elle se perdit à chercher ce mystère.

Vers midi, Bérangère vint la voir.

— Eh bien, ma chère Violette, vous en faites de belles, vous ! Vous me prenez mes amoureux ! Encore si vous les gardiez, je pourrais les retrouver, mais voilà que lord Sommerson est reparti pour l'Angleterre.

Violette était confondue.

— Reparti ! s'écria-t-elle.

Elle s'imaginait que cet amour nouveau allait durer cent ans.

— Oui, ma belle amie, il vient de me dire adieu par une dépêche télégraphique, il me dit qu'il reviendra-z-à Pâques ou à la Trinité. Du reste, vous devez en avoir une pareille, car j'ai reconnu en bas l'homme du télégraphe.

Violette sonna pour demander la dépêche.

On la lui apporta, elle lut ces deux mots d'un regard ardent :

« *Toujours. Jamais.* »

— Je connais déjà cette légende, mais je ne la comprends pas, dit-elle en montrant la dépêche à son amie.

— Traduction libre : il vous aimera toujours, il ne vous oubliera jamais !

Violette porta la main à son cœur comme pour y enfermer son désespoir.

— Quand partons-nous pour Parisis ? dit-elle à mademoiselle de Saint-Réal.

— Après-demain si vous voulez, car je n'ai plus que deux bals qui m'amuseront. Y viendrez-vous à ces bals ? Deux fêtes charmantes.

— Non. J'ai peur des morts à Parisis, mais j'ai peur des vivants à Paris.

XV

La folle

Le lendemain, Violette retourna voir la chanoinesse. On reparla de Bianca.

— A propos, dit la chanoinesse à Violette, j'ai eu des nouvelles d'Antonia.

— Antonia ! s'écria Violette, dites-moi bien vite où elle est.

— La pauvre enfant est folle, on m'a apporté hier une lettre qu'elle a écrite à la duchesse.

Madame de La Chanterie avait tourné la tête vers une coupe en émail cloisonné où elle jetait toutes ses lettres et toutes ses cartes de visite, jusqu'au jour où elle brûlait ce qui n'était pas digne d'être conservé.

— C'est-à-dire tout, disait-elle.

Elle chercha longtemps :

— J'avais dit à M. de La Chanterie de prendre cette lettre et de courir à Charenton, à Bicêtre, partout où il y a des folles, mais il m'a dit qu'il n'irait que dimanche.

Éva passa enfin à Violette une lettre vingt fois lue.

— Pauvre fille ! dit-elle. Je comprends bien qu'elle soit devenue folle. Lisez.

Violette lut à haute voix, quoique la lettre fût presque illisible par les fantaisies de l'écriture et par l'orthographe toute italienne.

Ma madone ! mon ange gardien ! Ils disent que je suis folle ! Quelle torture ! Accourez vite, ils ont voulu m'étouffer ! Je ne me reconnais plus, je suis comme un fantôme ! Quel délire ! Six semaines ! Six mois ! Est-ce que j'ai compté les jours ! Je vous ai écrit vingt fois, pourquoi n'êtes-vous pas venue ? Je ne sais pas où je suis. Je chante, pour me consoler, vos airs milanais et vénitiens. Prenez garde à la Judith. Je jette ce billet au vent, si c'est le bon vent vous le recevrez.

De grâce, ne me laissez pas mourir dans ma cellule! Ils disent tous que je suis une bête féroce, parce que je les bats et que je les mords. Ce sont eux qui sont des bêtes féroces, puisqu'ils m'empêchent de retourner auprès de mes deux anges, Bianca et Violette!

Votre petite Antonia désespérée.

— Mais cette lettre n'est pas tant que cela d'une folle, dit Violette.

— Vous êtes folle vous-même, ma chère, vous voyez bien qu'elle parle de son cabanon. Elle est folle furieuse.

— Elle ne parle pas de son cabanon, elle parle de sa cellule.

— Elle ne dit pas seulement où elle est.

— Voilà bien les Parisiennes, elles ne prennent jamais le temps de lire une lettre! Vous voyez bien qu'elle dit qu'elle ne sait pas où elle est. Ce n'est pas étonnant, c'est encore un enfant, c'est une étrangère. Il faut que je la retrouve. Je vais tout de suite à Bicêtre et à la Salpêtrière.

Madame de La Chanterie voulut accompagner Violette.

Elles furent bientôt en campagne, mais elles perdirent une heure à Bicêtre et une heure à la Salpêtrière. Elles eurent beau questionner et chercher, elles virent bien qu'Antonia n'était pas venue là.

Violette eut l'idée d'aller à *** où déjà elle avait secouru une folle, une amie de sa mère adoptive.

A ***, on fit quelque façon pour leur dire qu'il y avait là, parmi les plus malades, une Italienne que rien ne soumettait, sinon la camisole de force. Il y avait chez elle de la bête fauve, elle se jetait sur les gens pour les égratigner ou les mordre. C'était, d'ailleurs, un gibier de Saint-Lazare.

— Son nom ? demanda Violette.

— Son nom ? Elle s'appelle le numéro 12. Elle n'a, d'ailleurs, jamais voulu dire son nom, ni à Saint-Lazare, ni ici.

Les deux amies demandèrent impérieusement à voir cette folle. On répondit que la famille seule avait le droit de se faire ouvrir la porte.

— Qu'est-ce que cette famille ? demanda Violette.

— Un cousin et une cousine qui représentent le père et la mère à Paris. Des gens très bien qui paient sa pension.

— Vous voulez dire sa prison, dit Violette, car je suis bien sûre que la pauvre enfant qui est ici n'a d'autre famille que moi. Encore une fois, je veux la voir.

Un médecin aliéniste était survenu, un peu plus fou que tous les gens de la maison. Il s'imaginait qu'on lui amenait quelqu'un, il regardait tour à tour Violette et Éva. Il les croyait folles toutes les deux.

— Il nous reste, dit-il, un petit pavillon pour celle de ces dames qui va faire une cure ici.

Les deux amies eurent toutes les peines du monde à faire comprendre au médecin qu'elles n'étaient pas tout à fait folles et qu'elles ne venaient pas encore pour elles-mêmes, mais pour une de leurs amies qu'on avait séquestrée.

— Séquestrée ! s'écria le médecin en levant les mains au ciel. Dieu merci, ce n'est pas ici qu'on séquestre les gens ! Bien au contraire, c'est la maison du bon Dieu. On est plus libre ici que chez soi. Qu'est-ce que le monde ?

Une maison de fous. Ici c'est le port qui ramène à la sagesse.

— Nous y viendrons peut-être, dit la chanoinesse, mais en attendant faites-nous conduire à la cellule de l'Italienne.

— Comment donc! je vais vous y conduire moi-même.

— Le médecin passa en avant.

Au bout d'un corridor il dit à une fille de service d'ouvrir le numéro 12.

— Prenez garde! dit-il aux deux amies, car elle a ses quarts d'heure de folie furieuse.

On avait ouvert. Un bien triste spectacle était réservé à Éva et à Violette.

Antonia, presque nue et toute échevelée, se précipita sur la fille de service.

— Mes habits! mes habits! cria-t-elle en lui saisissant les mains.

— Vous voyez, dit le médecin, par humanité on lui retire quelquefois sa camisole de force, et voilà ce qui arrive. Tout le monde subit ses colères.

Le médecin imita Jésus parlant aux flots irrités. Antonia ne lâchait pas prise; mais tout à coup, apercevant Violette et Éva, elle poussa un cri de délivrance et un cri de joie.

— Dieu soit loué !

Et elle tomba évanouie.

Violette se précipita pour la prendre dans ses bras.

— Ma chère petite Antonia ! reviens à toi, nous allons t'emmener avec nous, ton supplice est fini. Reviens à toi ! reviens à toi !

Elle lui passa son flacon sur les lèvres. Antonia rouvrit les yeux, mais elle n'eut pas la force de parler. Seulement elle s'attachait à Violette comme si elle craignît qu'on la séparât d'elle.

— Vous savez, dit Violette au médecin, que la pauvre enfant n'est pas folle du tout.

— Folle ! dit Antonia, qui a dit cela ? Qu'ai-je donc fait à Dieu pour qu'on me punisse ainsi ?

— Vous entendez, dit le médecin, la voilà qui commence à déraisonner.

Violette s'indigna plus vivement encore.

— Monsieur, si vous y tenez, elle est folle. C'est bien. Mais vous ne m'empêcherez pas de l'emmener avec moi, car c'est moi qui suis toute sa famille. Ceux qui viennent ici sont des imposteurs. Si on cache Antonia dans cette maison c'est pour cacher un crime.

Antonia avait repris quelque force, elle regardait doucement Violette et elle lui baisait les mains.

— Oui, dit-elle, on a voulu m'étouffer. On m'a conduite à Saint-Lazare en disant qu'on m'avait ramassée avec les filles perdues. Je me suis révoltée, j'ai crié trop haut, j'ai battu tout le monde. On m'a jetée à Bicêtre. Si on a fini par m'enfermer ici c'est parce qu'à Bicêtre on a reconnu que je n'étais pas folle. Et on s'étonne si je suis furieuse!

La pauvre Antonia s'agita et exprima de la colère.

— Chut! dit Violette en l'embrassant. Tout est fini, tout est pardonné. On va t'habiller et nous allons partir.

— Non pas, dit le médecin, je connais mon devoir. Cette fille m'est confiée, je ne puis vous la donner. D'ailleurs j'ai commencé sa guérison, je veux l'achever.

— Oui, vous voulez la rendre tout à fait folle, mais vous n'y parviendrez pas. Je cours de ce pas chez le préfet de police et je vous jure qu'avant deux heures il fera justice, à elle, à nous et à vous.

— Le préfet de police, un fou! dit le médecin.

— Si le préfet de police est absent, reprit Violette, nous irons chez le ministre.

— Le ministre! reprit le médecin, un fou!

— Nous irons chez l'Empereur.

— Chez l'Empereur! un fou!

— Enfin, dit Violette de plus en plus indignée, vous n'avez donc pas une conscience? vous n'avez pas peur de Dieu?

Le médecin se mit à rire.

— Dieu! celui-là c'est le fou par excellence.

Ce ne fut que par le commissaire de police que les deux amies obtinrent de pouvoir emmener Antonia.

Dès qu'elle fut avec elles, la pauvre enfant leur raconta son long martyre. On l'avait d'abord conduite dans une horrible maison de la montagne Sainte-Geneviève. Elle n'avait rien compris à ce rapt, sinon qu'elle sentait partout la main de la Judith. Sans doute la maîtresse du duc, pour frapper plus sûrement Bianca, avait voulu supprimer celle que la duchesse appelait son ange gardien. On l'avait entraînée dans une cave, une prison ou un tombeau. Mais elle avait crié si haut que sans doute des voisins s'étaient émus, car elle vit venir toute une foule. Comme elle n'avait pu maîtriser sa colère, les gens qui l'avaient prise déclarèrent tout haut qu'elle était folle furieuse, que c'était d'ailleurs une fille perdue qu'on avait surprise en flagrant délit. Quoiqu'elle comprît mal, elle était devenue plus furieuse. Sur le soir, des sergents de ville l'avaient conduite au dépôt de la préfecture de police où elle avait passé la nuit en mauvaise compagnie. On l'avait interrogée, elle avait injurié tout le monde. De là, à Saint-Lazare, où un accès de fièvre chaude l'avait tenue longtemps à l'infirmerie. Le délire avait fait croire tout à fait à sa folie. De Saint-Lazare on l'avait menée à Bicêtre. Elle s'était calmée, elle avait recouvré peu à peu sa raison, mais ses ennemis veillaient bien sur elle, car le jour où on parla de la remettre en liberté, ils l'avaient ressaisie pour l'emprisonner dans cette autre maison de fous.

A Bicêtre seulement elle avait pu écrire à la

duchesse de Montefalcone, à Violette, à la chanoinesse, à mademoiselle de Saint-Réal, au prince Rio, à bien d'autres encore, mais les femmes de service avaient toutes le mot d'ordre, les lettres étaient remises à ses ennemis. La seule lettre qui fût parvenue venait de la maison de santé de***, où une fille de service s'était décidée à la jeter à la poste, quoiqu'elle fût payée pour faire le contraire. Sans doute cette fille avait craint qu'Antonia ne mourût bientôt dans une des horribles crises qui se renouvelaient tous les jours, de plus en plus inquiétantes.

Le soir même Antonia voulait voir la duchesse.

Cette fois elle faillit devenir folle pour tout de bon quand elle apprit que Bianca s'était noyée dans le lac Majeur.

— Et moi! et moi! et moi! disait-elle, comme si elle n'eût plus su où poser sa tête.

Violette conduisit Antonia chez mademoiselle de Saint-Réal en lui promettant de ne jamais plus la quitter.

En arrivant elle dit à Bérangère:

— Voilà une ressuscitée!

La nuit, Antonia redevint tout à fait malade.

— Non, dit-elle tout à coup, je ne veux pas mourir. Puisque je n'ai pu vivre pour Bianca, je veux vivre pour Violette.

On connaît toute l'énergie de cette enfant. Le lendemain elle se leva de bonne heure et elle dévora son chagrin d'avoir perdu Bianca ; elle se montra presque gaie pour encourager Violette à se réveiller de ses tristesses.

Violette avait toutes les peines du monde à s'expliquer cette longue disparition d'Antonia. Puisque Bianca était morte, pourquoi cet acharnement contre celle qui la sauvegardait ? Sans doute son ennemie Judith n'avait pas donné de contre-ordre. Peut-être jugeait-elle d'ailleurs qu'il valait mieux payer trois mille francs de pension dans une maison de fous que de lui donner les vingt-cinq mille francs de rente selon les termes du testament de la duchesse.

— Tu ne sais pas ! dit Violette à Antonia, la pauvre duchesse a pensé à toi avant de mourir. Tu ne serais pas morte de faim avec moi, mais enfin elle t'a faite presque riche. Le duc est obligé de te faire une pension viagère de vingt-cinq mille francs.

— Oh! quel bonheur! dit Antonia, c'est la punition de Judith, c'est ma vengeance.

Et elle sautait, et elle courait, et elle embrassait Violette.

Au moment où Violette allait partir pour Parisis avec Bérangère et Antonia, le directeur de la maison de santé où avait été emprisonnée la pauvre petite Italienne, vint avec un commissaire de police pour l'arrêter et la réintégrer dans sa cellule. On la lui avait confiée, il en était responsable. Violette eut beau protester et serrer sur son cœur Antonia, on la lui arracha des mains.

— Mais, monsieur, disait-elle, c'est un commissaire de police qui l'a délivrée.

— C'était un fou, dit le médecin, mais celui-ci présent a toute sa raison.

— Je ne comprendrai jamais, dit Violette, comment un commissaire de police peut défaire ce qu'un autre a fait.

Mais il était bien question de raisonner avec l'aliéniste, qui la salua gravement en lui disant :

— Madame, vous êtes folle.

Un peu plus il l'emmenait avec lui et la condamnait à la folie perpétuelle.

Violette se mit en campagne avec mademoiselle de Saint-Réal pour délivrer une seconde fois Antonia. Par malheur, ni elle ni son amie n'inspiraient une grande confiance. Et quand on questionnait l'écrou de Saint-Lazare, on jugeait que cette Antonia était quelque fille perdue qui, sans doute, avait eu des torts avec la raison comme avec la morale.

Il fallait que Violette s'adressât aux tribunaux, ce qui l'empêcha de retourner à Parisis, quoiqu'elle fût toujours obsédée par le souvenir de ses nuits fantastiques.

Il faut bien dire que le désir secret de revoir lord Sommerson était bien aussi pour quelque chose dans son séjour à Paris.

Mais lord Sommerson ne reparaissait pas.

Où donc était-il? Il s'était laissé reprendre à madame de Néers.

Quiconque avait touché à cette passion violente était brûlé du même feu; comme dans l'incendie, plus on fuit les flammes, plus elles vous poursuivent.

XVI

La marquise de Néers

A Venise, lord Sommerson s'était imaginé que son roman avec madame de Néers était fini. Mais dès qu'il la revit à Paris, il se sentit troublé plus que jamais par ce sphinx terrible à qui on n'arrachait que le mot : Dieu.

La marquise de Néers était une étrange créature que ses amants ne comprenaient pas, mais qui ne se comprenait pas elle-même. Il y avait dans cette âme un rayon du ciel et une réverbération des flammes de l'enfer.

Elle disait un jour à lord Sommerson :

— Si on m'accusait de mes péchés on aurait

tort, car mes péchés ce n'est pas moi qui les ai commis.

— C'est peut-être votre cuisinière ?

— Non, mais quand je pèche, voici ce qui se passe, c'est du plus loin qu'il m'en souvienne, mais je puis pourtant vous dire la vérité. Je suis très distraite ; d'ailleurs quand je suis amoureuse je voyage dans le bleu, c'est à peine si j'ai le bout du pied droit sur la terre. Un homme vient chez moi : je n'y suis pas. Il entre tout de même. Il me fait la cour ; à force de distraction je lui donne des gages. Il devient audacieux : ma pensée m'emporte loin du monde, je cherche midi à quatorze heures, il me semble que je le fuis, c'est justement alors que je suis prise. Quand je me réveille de mon rêve, je suis bien étonnée : il y a bien une femme dans ses bras, mais je ne me reconnais pas, je crois que c'est une autre. Et pourtant c'est bien moi ! Je suis furieuse de ma chute, je me relève toute rougissante, je voudrais tuer cet homme. Je me promets pour l'avenir de mettre mon âme en sentinelle devant mon corps. Mais, douce illusion ! je ne suis maîtresse ni de mon âme ni de mon corps.

Elle mêlait Dieu et le diable sans bien les reconnaître. Et pourtant elle avait des heures de profonde dévotion, où elle faisait à son âme le sacrifice de son corps. Quand elle se laissait prendre à la passion terrestre, elle sentait encore sur ses lèvres le froid du crucifix. Un amour, qu'était-ce pour son cœur, sinon une des stations de la croix? On appellera cela du sacrilége, mais pour elle l'amour de l'homme c'était encore l'amour de Dieu.

Pour ceux qui aiment à étudier les femmes de près, je donnerai trois lettres d'elle.

Six heures.

Je rentre et je trouve ton billet. Je le baise mille fois, j'y retrouve ton âme, j'y bois ton amour. Je viens de passer ma journée dans le bois de Meudon pour être encore avec toi. Il n'y a pas de solitude pour ceux qui aiment. J'avais emporté un livre, mais je n'ai rien lu. Que me font les romans si ce n'est le mien? Ma pensée est trop active, elle ne s'attache qu'à toi, elle te dévore des lèvres, elle te donne chaque battement de mon cœur. Sous les grands arbres j'ai humé la vie dans l'amour, je me sens forte et courageuse pour braver ma jalousie : va, cours, tends tes voiles sur toutes les mers, tente toutes les femmes, sois heureux sur tous les rivages, tu me retrouveras toujours après la tempête. Ou plutôt si tu cherches la tempête, viens me prendre.

Je me sens toute rayonnante d'amour, mon cœur éclate comme un ciel en feu.

Quand je t'aimerai trop tu me renverras. Ne t'inquiète jamais de moi, je sais vivre avec un souvenir. Demande-moi tout et ne me donne rien ; — ton rien, vois-tu, cela vaut le tout des autres.

Ce soir aux Italiens ne viens pas me saluer, je serai prisonnière dans ma loge, j'aurai pour sentinelles Minerve et Junon. Et pas la moindre pomme à disputer, hélas ! Mais demain n'oublie pas de venir à Sainte-Clotilde à midi. Oh ! que la messe me sera douce !

A l'heure de la messe.

Cette passion, c'est l'enfer, mais avec une porte ouverte sur le paradis. Je me sens brûlée vive, le délire soulève mon sein. Je suis tout éblouie et je ferme les yeux. Cela s'appelle donc l'amour! Tu n'es pas un rêveur, toi, tu rirais de mes chimères, tu m'arrêterais en chemin, quand je pars pour mes voyages dans le bleu. Mais qu'est-ce que ma contemplation, si ce n'est toi! Que vais-je trouver là-haut, plus près de Dieu? Ton image encore. Mais après la transfiguration, quand Dieu nous aura pardonnés tous les deux, car Dieu pardonne à ceux qui se sont bien aimés, nous retrouverons-nous? L'amour, c'est un hymne à deux, c'est une aspiration vers Celui qui est toute grandeur et toute bonté.

Oh! mon cher Albert, dis-moi que je ne suis pas la plus pervertie des pécheresses, dis-moi que le mariage sans amour n'est pas le mariage. On m'a sacrifiée quand je ne connaissais ni mon cœur ni mon âme. La lumière s'est faite en moi, j'ai senti que j'aimais Dieu, mais que je n'aimais pas l'homme qu'on m'a imposé. Quand mon cœur a tressailli pour un autre, n'était-ce pas un peu le cri de l'amour divin? N'aime-t-on pas mieux Dieu, quand on a aimé sa créature? L'amour terrestre, c'est le rocher d'où Sapho s'élance dans l'infini!

Mais je sens que je vais t'ennuyer. Les femmes sont de sempiternelles bavardes; pour être éloquentes elles n'auraient qu'un mot à dire : Je t'aime!

J'en dis encore un autre : Aime-moi!

. . . .

Minuit.

Tu me disais que tu doutais de ton âme, je sais bien pourquoi : tu n'as pas une âme parce que tu en as plusieurs. Chaque amour qui nous saisit est une âme nouvelle que Dieu répand sur nous comme un autre printemps qui réveille la nature. C'est quand on n'aime plus qu'on doute de son âme ; mais qu'on remette des cordes au violon, et voilà la musique qui va son train. La plupart des hommes et des femmes sont des violons abandonnés où ne siffle que le vent de la mort. Les bégueules les plus vertueuses n'ont jamais senti l'archet chanteur. Voilà pourquoi les pécheresses pardonnées sont plus près de Dieu que les vertus *qui n'ont pas couru de dangers. Le soleil est plus pur encore que la neige.*

. . . .

C'était la folie, la joie, la désespérance, le doute, la croyance, le délire de toutes celles qui jettent un grand cri dans l'amour.

On a beau rire des grandes passions, on ne passe pas devant elles sans les braver. Lord Sommerson perdait aux pieds de madame de Néers toute la grâce de son scepticisme.

— Cette femme, disait-il, je l'aime parce qu'elle a la foi : — quand elle aime un homme, elle en fait le rival de Dieu.

Quoique M. de Néers veillât d'un peu plus près sur l'austère vertu de sa femme, elle trouvait encore bien des heures à donner à l'amour.

Dans son aveuglement elle n'avait peur de rien. Elle s'en allait se cacher comme la première fille venue dans un cabinet du Café Anglais ou dans une chambre d'hôtel garni. Que lui importait le lieu où elle se trouvait, n'avait-elle pas emporté le paradis avec elle?

Je ne crois pas que lord Sommerson eût

oublié Violette pour madame de Néers. Je crois même que sa vraie passion était pour mademoiselle de Parisis. Mais sans doute la pâle et douce Violette ne prenait que son âme. Le voyageur s'égarait volontiers sous les ramées voluptueuses de la forêt, se contentant çà et là de regarder la profondeur du ciel.

Violette ne se doutait pas que le marquis de Sommerson fût retourné à madame de Néers.

Elle eût été bien plus jalouse, d'ailleurs, de madame de Montmartel, parce qu'à ses yeux Hélène avait toutes les séductions de l'esprit comme de la beauté. Mais l'amour n'a pas fait ses mathématiques.

Mademoiselle de Parisis avait craint d'abord que mademoiselle de Saint-Réal n'eût une passion pour le jeune lord, mais elle fut bientôt rassurée, parce que Bérangère lui dit d'un accent convaincu, en la conduisant à l'atelier de Monjoyeux :

— Savez-vous quel est l'homme que j'aime le plus ? C'est Monjoyeux. Il a le cœur sur la main et du génie dans les doigts ; il se moque de tous les préjugés ; c'est un esprit loyal ; son caractère de bohémien, qui offusque un peu ses amis, est pour moi un attrait de plus.

— Eh bien, dit mademoiselle de Parisis, voulez-vous que j'aille lui demander sa main?

— Quelle bêtise! s'écria Bérangère. Comme vous le feriez rire de bon cœur! Se moquerait-il assez de nous deux!

Violette se trouvant un soir avec Monjoyeux, lui confia pourtant que si jamais il voulait faire une bêtise, ils seraient deux de jeu.

XVII

Monjoyeux fait une bêtise

C'est pour cela que Monjoyeux dit un jour à brûle-pourpoint à M{^{lle}} de Saint-Réal :

— Voulez-vous être ma femme ?

A peu près comme s'il eût dit :

— Voulez-vous être ma maîtresse ?

Qui fut bien étonné ? Ce fut lui, car elle le prit au mot.

Le mariage est un pays où tout le monde veut aborder avant ou après la tempête. Ceux qui en disent le plus de mal sont ceux qui crient : — Terre ! — avec le plus de force.

— Qui m'eût jamais dit que je ferais cette bêtise-là ! pensait Monjoyeux en allant pour la publication des bans à la mairie du 8ᵉ arrondissement.

Quoiqu'il eût bonne opinion de lui-même, comme tous les artistes, il s'étonnait bien un peu que Bérangère eût consenti si volontiers à lui donner sa main. Ce n'était pas pour son argent, puisqu'elle était plus riche que lui, c'était donc pour son talent et pour sa figure. Aussi levait-il la tête en marchant dans la rue avec une certaine fierté. Il avait l'air de dire à tout le monde : — Voyez cet homme qui passe, il est aimé.

Quoiqu'il se moquât des castes héraldiques il n'était pas fâché d'allier son nom au nom de Saint-Réal, un nom deux fois historique.

— Avez-vous vos papiers ? lui demanda-t-on au bureau des mariages.

— Mes papiers ? dit-il.

Il pensa à la hotte de sa mère.

— Ah ! pardieu ! s'il me faut chercher des papiers je ne me marierai jamais.

On le renvoya au garde des sceaux. Il connaissait le ministre; on lui fit un état civil; le nom de Monjoyeux, qu'il ne portait que par aventure, lui fut reconnu de par la loi.

Tout alla bien à la mairie, mais ce fut une autre histoire à l'église. C'était peut-être le seul homme dans Paris qui n'eût pas de nom de baptême; il reçut du même coup le baptême, la communion et le mariage. Il aimait d'ailleurs l'église, ses pompes et ses œuvres; il disait que c'était le musée universel et que celui qui niait Dieu niait l'art.

Le mariage de Monjoyeux fit quelque bruit par la ville. Tout le monde le jugea à son point de vue. Selon les uns il faisait une sottise, selon les autres il devenait presque un sage.

Pour lui, il s'inquiétait peu de l'opinion, il prenait mademoiselle de Saint-Réal à peu près comme un amateur achète un tableau. Il disait que c'était un chef-d'œuvre, il estimait que les chefs-d'œuvre de Dieu étaient incomparablement plus beaux que ceux de Raphaël et de Michel-Ange. Un chef-d'œuvre vivant n'est-ce pas la plus haute fortune d'un homme doué ?

Monjoyeux était né dans la hotte d'une chiffonnière ; il n'avait eu pour berceau que les bras amaigris d'une de ces travailleuses nocturnes qui n'osent montrer leur misère en plein soleil ; il semblait donc né lui-même pour cette vie de malheur qui n'a de repos que dans le tombeau. Mais de secrètes aspirations lui avaient révélé son âme, l'art avait fait de lui un homme d'intelligence. Il n'était pas devenu riche, mais qu'importe ! puisqu'il avait sa place au soleil.

Et une bonne place au soleil ! Maintenant que Monjoyeux avait vingt-cinq mille francs de rente par le testament de la duchesse de Montefalcone, il trouva du travail à pleines mains. Lefuel pour les Tuileries, et Garnier pour l'Opéra, lui commandèrent plus de groupes et de statues qu'il n'en pouvait sculpter en plusieurs années. Mais une montagne de marbre n'effraie pas un sculpteur. Monjoyeux se trouvait donc deux fois riche.

Sa femme avait en outre vingt-cinq mille francs de rente qu'elle avait pareillement hérités de Bianca. Mais Monjoyeux ne comptait pas cela, il disait que c'était pour les freluches de Bérangère.

Il n'y avait pas encore de quoi mener une grande existence ; pourtant Bérangère se donna quelque luxe. Elle acheta un cheval de selle et loua un coupé au mois.

— C'est bien, dit Monjoyeux; mais tu me permettras d'aller à pied, car pour moi c'est mon vrai luxe.

Il avait changé d'atelier; il avait loué une petite maison avenue Raphaël, devant le Bois de Boulogne. Il était tout joyeux d'entendre le merle siffler aux premières aurores d'avril.

Cette petite maison, dans un jardinet, n'avait pas grand air, mais elle avait bon air, « un vrai nid d'amoureux, » disait-il, « une chaumière dorée, » disait-elle. Mais Monjoyeux n'avait pas tout à fait réalisé son idéal, car il voulait que sa femme lui donnât douze enfants. C'était son chiffre.

Monjoyeux avait bien raison.

XVIII

La lune de miel de Monjoyeux

Quand Bérangère fut mariée, elle fut plus que jamais mademoiselle de Saint-Réal. Une jeune fille qui a l'habitude d'émietter son cœur et de jeter son âme aux quatre points cardinaux, a beau se couronner de fleurs d'oranger, le sacrement passe au-dessus d'elle et ne la touche pas de sa grâce divine.

Monjoyeux ne fut qu'un amoureux de plus pour Bérangère.

Et pourtant il apportait dans le mariage une foi robuste, il acceptait avec religion le devoir conjugal, il s'imaginait qu'il avait enfin mis le pied sur le seuil du bonheur. Un homme et une femme qui s'aiment n'est-ce pas l'univers à deux, le fini et l'infini, le paradis retrouvé ?

Monjoyeux savait bien que son Ève avait écouté siffler le serpent, qu'elle avait secoué l'arbre de science, qu'elle avait été chassée du paradis, mais puisqu'elle y rentrait avec lui, n'était-ce pas pour y vivre désormais sous la loi de l'amour ?

Pour Monjoyeux, il n'y avait pas d'amour s'il n'y avait pas d'art. Or, Bérangère était son idéal rêve. Celle qui avait tous les enthousiasmes pour les chefs-d'œuvre n'aurait-elle pas la chaleur d'âme de l'épouse d'abord, de la mère ensuite ? C'était la vraie femme. Ses fantaisies même, quoique un peu romanesques, montraient la marque d'une nature douée, qui ne se soumet pas toujours à la raison.

Monjoyeux ne doutait pas, qu'une fois mariée, elle ne prît un caractère plus grave. Sans doute, elle se réfugierait dans sa maison et dans son atelier, l'ébauchoir et le ciseau seraient l'aiguille de cette autre Pénélope. Aussi ne fut-il pas peu surpris de la voir, en pleine lune de miel, reprendre sa vie de garçon, car c'était bien la vie de garçon qu'elle menait, montant à cheval, courant trois salons par soirée, intrépide aux premières représentations, ne craignant pas de se risquer dans les coulisses pour encourager une comédienne.

Elle ne sculptait plus que par caprice.

— Quoi, lui dit un jour Monjoyeux, tu abandonnes ta figure en pleine inspiration !

Elle ébauchait alors une statue de la Jeunesse.

— Oui, lui dit-elle, j'entends mon cheval qui piaffe pour m'appeler. J'ai mon inspiration dans ma main ; je vais faire un tour au Lac. Avant le dîner, je travaillerai encore une heure ; attends-moi, beau paresseux.

Et après avoir embrassé Monjoyeux :

— Veux-tu que je te dise la vérité ? Vous autres artistes, quand une fois vous êtes acoquinés à votre atelier, vous ne voulez plus vivre dehors. Voilà pourquoi vous ne faites rien de bien. Vous vous emprisonnez là sous prétexte de travailler, mais au fond c'est pour ne rien faire. Crois-moi, la vie n'est féconde qu'à la condition d'aller toujours par quatre chemins.

— J'y songerai, dit tristement Monjoyeux en voyant s'envoler cette belle folle.

Il essaya de travailler, le ciseau lui tomba des mains. Dès que Bérangère n'était plus là, lui qui déjà avait tant de fois abandonné l'atelier, il sentait que le feu sacré était éteint.

— Comment diable, dit-il tout à coup, me suis-je imaginé que le mariage mettait deux têtes dans un bonnet ! S'il met deux têtes dans un bonnet, c'est dans un bonnet de nuit. Bérangère a raison, il faut vivre de la vie et non du rêve.

Il résolut de faire comme elle, d'être moins assidu à l'atelier, de la suivre dans le monde, voire même au Lac.

Il n'avait jamais guère monté à cheval, mais quoiqu'il fût un peu fort, il était gracieux dans toutes ses actions. Aussi sa femme fut-elle ravie de le voir à côté d'elle faire bonne figure au Bois. Mais on comprend tout de suite que Monjoyeux ne devait pas longtemps jouer ce jeu-là. Le premier jour, cela l'amusa. Le second jour, il rencontra Gérôme, un cavalier s'il en fut, qui lui parla de l'Orient et qui lui inculqua les principes de l'homme à cheval.

Le troisième jour, il décida qu'il irait aux mauvaises rencontres dans l'allée des cavalières. Le quatrième jour, il sauva, au péril de sa vie, mademoiselle Cora Pearl qu'emportait son cheval. Le cinquième jour, il fut frappé d'une giboulée qui le mouilla jusqu'aux os. Le sixième jour, il trouva que toutes les feuilles et toutes les filles du Bois se ressemblaient. Le septième jour, il se reposa.

Ce fut la même histoire pour aller dans le monde. Il trouva d'abord charmant de marcher sur la queue de la robe de sa femme. Il s'aperçut bientôt que ce qu'il y a de plus inutile dans un bal est un mari. Il se réaccoutuma peu à peu à vivre de son côté. On se rencontrait la nuit pendant quelques heures, le jour on déjeunait et on dînait ensemble. Çà et là Bérangère se passionnait encore pour l'atelier. C'étaient les bons moments, elle reprenait alors tout le charme qui avait ensorcelé Monjoyeux. — Après tout, disait-il, ne soyons pas si gourmand devant le gâteau du bonheur. Il faut bien qu'il y en ait pour tout le monde.

Il se trouvait déjà bien heureux de cueillir

les heures d'amour qui fleurissaient autour de Bérangère. Le mariage ne l'avait pas attristée, elle répandait la joie à pleines mains ; sa belle insouciance rayonnait toujours sur sa figure.

Monjoyeux savoura donc assez doucement sa lune de miel. Un mari plus rigide aurait pu s'offenser, mais il était trop bon diable pour ne pas pardonner quelques équipées qui lui paraissaient bien innocentes: Il se disait que ce sont les eaux les plus belles qui font les cascades ; il avait la terreur des eaux dormantes. En toutes choses, il faut prendre les balances de Salomon et peser le bien et le mal. Il était trop philosophe pour croire à la perfection ; c'était lui, d'ailleurs, qui disait que les tragédies de Racine n'avaient qu'un défaut, le défaut d'être trop parfaites. Il ne faisait donc pas un crime à sa femme de ses folâtreries.

De son côté, Berangère ne se trouvait pas bien malheureuse. Monjoyeux était un bon compagnon ; il avait, selon son expression à elle, ses heures nocturnes, ses jours de pluie, mais le plus souvent il la charmait par son humour et par sa gaieté. Et puis pour elle, qui avait si longtemps cherché un homme dans un gentilhomme, ne trouvait-elle pas un homme dans un homme? L'étreinte de Monjoyeux valait bien l'étreinte du prince Rio; elle était trop artiste pour ne pas comprendre que si la grâce est une force, la force est une grâce. Elle était fière du talent de Monjoyeux, elle embrassait ses statues et ses bustes, elle se sentait grandir dans sa renommée.

Tout alla bien pendant trois mois. Combien dure la lune de miel? Voilà ce que M. Leverrier n'a jamais pu dire, aussi a-t-il été relevé de ses fonctions. Bérangère de Saint-Réal jugea que la lune de miel était, comme toutes les lunes, un croissant, un premier quartier, une pleine lune, un dernier quartier, un croissant : les deux croissants destinés au front du mari.

Qui pouvait se douter alors que ce gai et philosophique Monjoyeux verrait éclater dans son atelier un drame terrible comme ceux du moyen âge.

LIVRE II

SOUVENT FEMME VARIE

Se marier avant d'avoir le temps d'aimer et d'être aimée, ce n'est pas faire un roman, c'est l'Histoire universelle de Bossuet!

***

Les femmes qui lisent des romans sont celles qui n'en ont pas dans leur vie.

***

Autre temps, autres amours. Aujourd'hui on a semblé comprendre qu'il fallait cueillir l'heure — carpe diem, — qu'il ne fallait pas s'attarder dans les vieilles rhétoriques ; que les voyages platoniques sur les nacelles du parfait amour n'étaient plus que des légendes pour la province. Il y a eu de vraies conjonctions d'astres, des éclipses de vertu. JE SUIS VENU. J'AI VU, J'AI VAINCU. *Bonjour, bonsoir. On s'est adoré un instant, tout est fini ; on a bâti un château de cartes sur un château en Espagne. On a mis dans sa vie un souvenir de plus. Quand on se rencontrera, lui et elle, on sourira, lui avec une pointe de raillerie, elle avec un rayon de sentiment, si elle n'est plus railleuse que lui. Et tout sera dit. On aura recueilli, pour les donner dans une seule étreinte, toutes les forces, toutes les coquetteries, toutes les douceurs, toutes les ivresses de l'amour. On aura touché du même pied le même échelon de l'idéal; on aura touché des mêmes lèvres les mêmes joies du réel.*

✳✳✳

La Rochefoucauld a dit : « *On a bien de la peine à rompre quand on ne s'aime plus.* »

C'est l'amour qui donne la secousse contre lui-même parce qu'il aime mieux l'inconnu, même dans la tempête, que l'oisiveté même sur le rivage.

✳✳✳

Jenny Mac Laën

I

Rodolphe et Jenny

ependant Violette avait revu la comtesse de Montmartel; elles s'étaient embrassées comme d'anciennes connaissances. Le marquis de Sommerson n'était-il pas à son insu un trait d'union ? Un homme qui aime deux femmes n'en fait-il pas fatalement deux amies..

— ou deux ennemies ? Dans l'amie il y a une ennemie, dans l'ennemie il y a une amie.

Mais ces deux belles créatures s'aimaient aussi parce qu'elles ne se ressemblaient pas. Violette allait vers Hélène comme on va vers le soleil, Hélène allait vers Violette pour s'enfoncer dans les mélancolies ombreuses. Elles se noyaient l'une dans l'autre avec une douceur, avec un charme, avec une volupté que je ne saurais exprimer. Tout était opposition en elles. La comtesse avait les cheveux blonds et les yeux noirs, Violette avait les cheveux noirs et les yeux bleus. Et tout était ainsi, hormis pourtant la grâce nonchalante qui prenait les deux amies dans sa vague désinvolture.

Elles s'oubliaient ensemble dans de longues causeries où elles effleuraient toutes choses comme font les femmes ; elles s'habituaient à se voir avec une si douce intimité qu'elles perdaient un peu de vue leurs autres amies. Violette trouvait décidément Bérangère trop folle, la chanoinesse rousse était devenue trop mondaine. Madame de Campagnac était toujours à Naples dans les délices de son cher brigand ; Antonia était enfin délivrée des chaînes infernales des aliénistes, mais elle avait beaucoup perdu du charme de son caractère; il semblait qu'il lui restât quelque chose de la maison des fous ; elle pleurait tout haut la duchesse de Montefalcone avec des imprécations. C'était donc la comtesse de Montmartel qui berçait le mieux le cœur et l'esprit de Violette.

Naturellement c'était le beau Sommerson qui était l'âme de leurs causeries. Elles avaient beau s'en défendre, elles l'aimaient toutes les deux. Elles s'avouaient volontiers que cet étrange Anglais était le Parisien par excellence, c'est-à-dire l'irrésistible parmi les irrésistibles.

Le marquis de Sommerson n'était pas le seul qui fît parler de lui à Paris.

Ceux qui ont connu le duc de Parisis dans ses aventures donjuanesques n'ont pas oublié peut-être son ami Rodolphe de Villeroy, un ambitieux tombé du pouvoir pour n'avoir pas été assez familier au mât de cocagne, pour n'avoir pas eu dans les mains cette poudre blanche qui aide à monter et qui aveugle ceux qui sont dessous.

Il ne désespérait pas de reprendre sa revanche. En attendant que la comédie recommençât il égayait l'entr'acte par quelques intermèdes galants dans la coulisse.

Il n'avait, sur ce chapitre, ni l'entrain ni la renommée du beau Parisis, mais il n'était pas de ceux non plus qui platonisent à perte de vue.

Depuis qu'il n'avait pu prendre une ambassade d'assaut il se vengeait sur les femmes, depuis qu'il avait attendu le bon vouloir d'un ministre il ne voulait pas attendre le bon vouloir d'une amoureuse.

C'était d'ailleurs l'école de son maître et ami Octave de Parisis, où plutôt Don Juan de Parisis. Aussi, quand il était fier d'une victoire emportée à la baïonnette, il parodiait en suivant au ciel la fumée de son cigare ce mot du soldat du Gymnase : *Mon colonel, tu dois être content.*

Il faut conter ici une de ses aventures qui a été défigurée par la chronique.

Un soir, au foyer de l'Opéra, il rencontra

un de ses amis qui promenait deux Écossaises, la mère et la fille.

Rodolphe se posa en point d'admiration devant son ami.

— Mon cher Émile, d'où vient que je te rencontre en si belle compagnie ?

— C'est mon secret, dit Émile, tout épanoui de joie.

Et là-dessus prenant une pose majestueuse, Émile — je ne dirai jamais son nom — fit en ces mots les présentations :

— Mesdames, j'ai l'honneur de vous présenter M. Rodolphe de Villeroy, quasi-ambassadeur, qui nous recevra un jour à la Porte. — Mon cher ami, j'ai l'honneur de vous présenter mesdames Mac-Laën, deux Écossaises qui ne retourneront plus en Écosse.

Et après un silence :

— J'ai l'honneur de vous faire part du mariage de M. Émile*** avec mademoiselle Jenny Mac-Laën.

Rodolphe avait écouté gravement.

— J'ai l'honneur, dit-il, de faire mon compliment à M. Émile*** et de déposer ma carte aux pieds de madame et de mademoiselle Mac-Laën.

Dans ces expressions le regret du marquis de Villeroy transperçait déjà. Il trouvait son ami Émile trop heureux, mais il ne voulait pas complimenter mademoiselle Jenny Mac-Laën, parce qu'il la trouvait beaucoup trop belle pour son fiancé. Il déposait sa carte à ses pieds avec je ne sais quelle arrière-pensée de s'y mettre lui-même.

— Et quel jour seras-tu le plus heureux des hommes? — style consacré, — reprit-il en regardant toujours les futurs épousés.

— Mon cher, d'aujourd'hui en huit. Tu recevras la lettre de faire part demain matin. J'espère bien que tu seras des nôtres. On ne s'ennuiera pas trop : messe en musique, Faure m'a promis de chanter ; après la messe on déjeunera au Café Anglais, douze à table, pas un de plus pour ne pas être treize. Je compte sur toi.

— Et après le déjeuner ? demanda insidieusement Rodolphe.

Il regardait la jeune fille.

— Oh! après le déjeuner c'est l'inconnu.

Nous ne savons pas encore si nous irons souper à Versailles ou à Fontainebleau. Peutêtre partirons-nous pour l'Italie avec cinq minutes d'arrêt à Monaco.

Pendant que parlait Émile, Jenny gardait l'adorable sérénité de sa figure. Nulle émotion ne se trahissait ni dans ses yeux ni sur ses lèvres. Les pensées les plus chastes passaient sur son front.

— Pauvre enfant! se dit Rodolphe, on lui parle mariage et elle ne sait rien de l'amour.

Plus il la regardait et plus il la trouvait belle. Un peu trop blanche peut-être. Le brouillard écossais avait laissé sur ses joues son voile humide. Sa figure appelait le soleil. Galathée n'était pas encore descendue du piédestal.

On jouait ce soir-là *Robert-le-Diable*. La toile se levait sur la scène des tombeaux.

— Adieu, dit Émile à Rodolphe, nous allons voir les nonnes que tu connais bien.

— Est-ce qu'il vous reste une place dans votre loge? demanda Rodolphe d'un air dégagé comme s'il avait une demi-heure à perdre.

— Oui, oui, viens avec nous... C'est une des grandes loges du foyer.

Naturellement le marquis de Villeroy se plaça derrière Jenny. N'était-ce pas le devoir d'Émile de se placer derrière la mère ?

Quoique Rodolphe eût perdu sa situation dans la diplomatie pour avoir voulu être plus savant que le ministre dans la question d'Orient, on le considérait toujours dans le monde parisien comme un personnage. Il gardait plus d'un bon point dans son jeu, par son titre, par sa fortune et par son esprit. On ne doutait pas qu'il ne fût, un jour ou l'autre, nommé ambassadeur.

Émile, qui ne se croyait rien du tout, quoiqu'il fût un homme d'argent, regardait avec un secret orgueil Villeroy dans sa loge. Il prouvait ainsi à sa femme qu'il voyait bonne compagnie. Il pensait que les spectateurs des loges voisines reporteraient sur lui quelque peu de la considération qu'ils accordaient à Rodolphe. Combien de gens qui croient ainsi se dorer ! Combien d'autres qui croient se dédorer !

Madame Mac-Laën aimait les légendes.

Sans s'inquiéter des fines railleries de M. de Villeroy qui connaissait par son petit nom toutes les nonnes, elle voulait qu'Émile lui expliquât mot à mot l'histoire de Robert le Diable, — sans la musique. — Or, pendant que son futur gendre, qui ne savait pas cette histoire, se torturait à en inventer une, le marquis tentait de pénétrer dans ce beau marbre qu'il avait devant lui. Jenny répandait une senteur de jeunesse qui l'enivrait. Sous prétexte de ne pas bien entendre quand elle parlait, il se penchait et il effleurait de ses lèvres brûlantes les cheveux blonds de l'Écossaise. Il était exquis, il était charmant, il était adorable.

Il commença par dire à Jenny, — vieille chanson; mais les plus vieilles sont les meilleures, — qu'il n'avait jamais rien vu d'aussi beau sous le ciel ; que, certes, mademoiselle Mac-Laën pouvait donner une leçon de beauté, de noblesse et de grâce aux Parisiennes ; que jamais héroïne de Walter Scott n'avait éveillé en lui d'aspirations plus poétiques. Il demanda à la jeune fille si elle n'avait pas une sœur, une cousine ou une amie, qui fût, non pas belle de sa souveraine beauté, mais belle encore par un air de famille qui lui prendrait le cœur.

L'Écossaise se trouva soudainement dans l'atmosphère amoureuse qui devait la faire descendre de son piédestal de marbre. C'était la première fois qu'on lui parlait si bien. Et qui lui parlait si bien? Un gentilhomme, un homme d'esprit. Émile n'était ni gentilhomme ni homme d'esprit.

Émile n'était cependant pas le premier venu. Fils d'un receveur général, il était né dans une bonne maison. Il y avait pris, dès son enfance, les belles habitudes mondaines. Il avait vécu en familiarité intime avec la jeunesse dorée. Il était sur les confins de l'esprit; si on ne citait pas ses mots, c'est qu'on citait trop ses louis. Il n'avait pu se dépouiller de la robe des affaires. Ni les femmes, ni la politique, ni les arts, n'avaient apaisé en lui cette soif d'argent qu'il avait prise dans la maison paternelle. Quelle que fût la conversation, il n'était jamais cinq minutes sans montrer le bout de l'oreille du roi Midas.

Voilà pourquoi mademoiselle Jenny Mac-

Laën, qui n'avait encore bien écouté que deux Français depuis qu'elle était à Paris, Émile et Rodolphe, pensa tristement, quand la toile tomba sur l'acte des tombeaux, qu'il y avait entre les deux amis un abîme : d'un côté, la nuit ; de l'autre, la lumière.

Émile avait parlé en homme sérieux qui demande respectueusement la main. Rodolphe avait parlé en amoureux hardi qui veut prendre le cœur. La moralité, c'est qu'il faut toujours, pour bien conquérir une femme, lui parler comme si elle devait être une maîtresse. Après cela, tout le monde n'a pas la phraséologie savante et perverse des Rodolphe de Villeroy.

Le bonheur est confiant. Dans l'entr'acte, Émile qui, sans doute, espérait rencontrer au foyer quelques hommes d'affaires pour dire un mot de la Bourse et de la coulisse, pria Rodolphe de conter à ces dames, mieux qu'il ne l'avait fait, la légende de Robert le Diable. Il ne s'aperçut pas que la mère dormait à moitié et que la fille était pour Rodolphe tout yeux et tout oreilles.

Rodolphe, comme si la mère dût l'entendre

un peu, parla de Robert le Diable, mais c'était parler de lui-même. Il conta comment il avait donné son âme à Satan pour ses pompes et ses œuvres. Les femmes n'aiment pas les anges, si ce n'est dans le ciel ; sur la terre, un beau diable barbu a bien plus d'action sur elle. Elles rêvent le bien et se soumettent au mal.

— Quoi ! dit tout à coup Jenny, vous avez donné votre âme au diable ?

— Oui, répondait-il, je me suis engagé pour toute ma jeunesse dans le régiment des maudits. Mais rassurez-vous, le diable ne me tient par un cheveu que jusqu'au jour où mon cheveu deviendra blanc. Alors je reprendrai ma robe d'innocence sous les larmes du repentir.

— Vous n'êtes pas si diable que ça, dit Jenny, qui s'était animée et qui avait la fièvre.

— Je suis bon diable, reprit Rodolphe, mais j'ai une volonté d'enfer.

Il regarda la mère qui était tout à fait endormie.

— Que vous sert d'avoir une pareille volonté ? demanda Jenny en tournant la tête.

Leurs yeux se rencontrèrent; ils tressaillirent tous les deux comme si un éclair d'orage eût traversé la loge.

— Si vous n'étiez à la veille de votre mariage, vous verriez ce que je fais de ma volonté.

Jenny avait de l'esprit.

— Oh! dit-elle, quoique j'entende mal le français, je connais la manière de parler. Les enfants disent la même chose : s'il y avait un chemin de la terre à la lune tout le monde escaladerait le ciel. Mais il n'y a jamais de chemin, mais devant votre volonté il y a toujours un abîme.

Rodolphe n'avait plus qu'une hardiesse à tenter, il la tenta.

— Et si je franchissais l'abîme, si je foulais d'un pied dédaigneux les préjugés qui masquent la nature, l'amitié pour des gens qui ne sont pas vos amis, le devoir pour des causes qui ne sont pas sacrées? Si je vous disais, en vertu de mon cœur qui est ma seule religion, puisque si Dieu est quelque part il est là : Je vous aime! je vous aime! je vous aime!

— Chut ! dit Jenny toute pâlissante.

Elle regarda si sa mère dormait encore. Pour masquer son émotion elle reprit en souriant :

— Vous m'aimez depuis cinq minutes.

Villeroy lui répondit avec beaucoup d'éloquence qu'il l'aimait depuis toujours. La preuve c'est qu'à son apparition un grand trouble s'était fait en lui. Quoiqu'il fût attendu par un ami pour aller à la Cour. il l'avait suivie dans la loge. Tout ce qu'il lui avait dit c'était son cœur qui parlait malgré sa raison. Il n'était plus maître de lui, il obéissait à sa destinée.

— Dites plutôt au diable, reprit Jenny.

— Peut-être, continua Rodolphe. Mais prenez garde ! si j'obéis au diable je vais vous prendre doucement dans mes bras, sur mon cœur, dans le rayonnement de mon amour, je vais vous enlever au bout du monde, dans mon château où nous vivrons des siècles de bonheur.

On ne conquiert les femmes ni avec des phrases toutes faites, ni avec des raisonnements. La poésie française n'a guère d'action sur elles. Elles aiment les images du Tasse et de Shakespeare, ces deux maîtres radieux si malmenés par Boileau et Voltaire. Clinquant! disaient-ils. C'est l'or de l'amour, c'est la divine monnaie dont se paient les imaginations ardentes.

Rodolphe, qui se montait aisément la tête, ne craignait pas de s'aventurer dans les expressions les plus follement poétiques quand il avait sous la main une femme romanesque comme cette vivante héroïne de Walter Scott.

Il y a plus d'une Parisienne qu'on prend avec la langue de Voltaire : ce sont celles qui se laissent prendre par l'esprit — les plus difficiles. — Mais celles qui n'ont pas jeté leur cœur à la mer et qui n'ont pas fait naufrage, aiment les ivresses des doux propos.

Jenny se sentait ensorcelée.

Tout à coup Émile reparut dans la loge : il était bien loin!

II

Où Rodolphe enlève Jenny

Émile avait une figure rayonnante. Non-seulement la Bourse lui avait donné raison, mais la hausse qui s'était accusée dans le dernier quart d'heure avait pris de plus grandes proportions à la petite Bourse du soir.

En bon fiancé qu'il était, Émile se promettait d'enrichir encore la corbeille.

— Viens donc déjeuner demain matin, dit-il à Rodolphe, tu verras si je fais des folies pour cette jeune Écossaise. Je veux qu'elle ait une bonne opinion des Français.

— Oh! j'ai une bonne opinion des Français, dit Jenny.

— Tu verras, Rodolphe, reprit Émile, si je fais bien les choses. Je veux que la corbeille renferme de quoi faire le bonheur de deux femmes. Tu verras si je sais choisir les perles et les diamants. Et les cachemires! et les dentelles! C'est de la féerie.

— Alors, mademoiselle, dit Rodolphe avec une pointe de raillerie, vous allez être deux fois heureuse.

— Oui, dit Jenny, qui comprenait bien; le bonheur, pour une femme, c'est d'être parée et habillée. Comment le cœur ne serait-il pas content sous le châle des Indes, sous la couronne de diamants, sous le collier de perles?

— Je ne sais pas, dit Émile, si mademoiselle Mac-Laën est de bonne foi, mais la vérité, c'est que le bonheur est là, dans les magnificences du luxe plutôt que dans les magnificences du cœur.

— Oui, dit Rodolphe, comme s'il voulait chanter la même chanson, le luxe est la serre chaude de cette plante rare qui s'appelle le bonheur.

— Oui, dit finement et mélancoliquement Jenny, mais la plante rare n'a pas de parfum.

— Brisons la serre et n'en parlons plus, dit Rodolphe, comme s'il frappait déjà sur la promesse de mariage.

La mère de Jenny s'était vaguement réveillée pour le dernier acte, mais elle n'entendait ni ce qui se disait sur la scène, ni ce qui se disait dans la loge.

Jenny ne voyait et n'entendait que Rodolphe, même quand il ne parlait pas, même quand il ne se retournait pas.

Quand la toile tomba, Émile demanda à son ami s'il voulait l'accompagner jusqu'à la voiture.

Le marquis, sans plus de façons, prit le bras de Jenny, après l'avoir doucement encapuchonnée.

Il passa en avant.

Le valet de pied de M. Émile*** fut longtemps sans reparaître. On resta donc en spectacle sur l'escalier devant tous ces curieux qui dévisagent les femmes comme s'ils étaient au sixième acte.

Villeroy ruminait mille desseins extravagants.

Il pressait le bras de Jenny sans trop s'impatienter des mille regards lancés sur lui et sur elle.

Quoique la station fût longue, Jenny, comme dans un rêve, ne désirait pas que le valet de pied reparût. Elle se demandait vaguement pourquoi son fiancé n'était pas M. Rodolphe de Villeroy plutôt que M. Emile***.

Sur cet escalier, où les hommes apparaissent tels qu'ils sont, où ils sont jugés par les pieds, par le buste, par la tête, par la distinction, par la grâce, par la désinvolture : on peut encore se faire illusion à soi-même, mais on ne peut pas faire illusion aux autres. A l'Hôtel de Ville, il y a un conseil de révision pour juger si les hommes sont bons pour faire des soldats. Sur l'escalier des Italiens comme sur l'escalier de l'Opéra, les femmes font la révision et jugent si les hommes sont bons pour le service. Celui-ci est désigné pour les armes d'élite, celui-là pour les compagnies légères. Quelques-uns sont mis pour la réserve, beaucoup sont mis hors de concours.

J'ai connu une femme qui avait un mari et un amant. Dieu merci, je n'étais ni l'un ni l'autre. Un soir, elle va aux Italiens avec une grande dame de ses amies qui devait la conduire au bal après le spectacle. Voilà que par aventure son mari et son amant étaient sur l'escalier fatal, donnant chacun le bras à une femme quelconque. La dame n'avait jamais bien regardé son mari, elle avait toujours mal vu son amant, soit qu'il fût à table, soit qu'il fût dans une loge ou dans une voiture, soit qu'il fût à cheval. Or, ce soir-là, elle toisa du même regard ces deux hommes. Elle ne fut pas peu surprise de s'apercevoir que son mari était l'homme le mieux sculpté du monde, tandis que son amant avait été manqué par les mains de la nature : petit, les jambes grêles, allure pauvre, mouvements mesquins, il n'avait qu'une tête et encore il la portait mal, parce qu'elle était trop grosse pour son corps. Cette nuit-là elle rentra chez elle amoureuse comme une bacchante; elle émerveilla son mari par le renouveau de sa passion. Oncques depuis elle n'a voulu parler à son amant qui, pendant tout l'hiver, s'est morfondu dans son voisinage.

Voilà pourquoi on ne saurait trop conseiller aux jeunes filles d'aller étudier leur fiancé sur les marches égalitaires des Italiens ou de l'Opéra.

On ne saurait trop conseiller aux femmes mariées qui prennent un amant de faire passer leur idéal sous le même niveau. Combien qui retourneraient bien vite à leur mari !

L'amour sait bien ce qu'il fait. Il tend ses embûches dans l'ombre, le plus souvent le grand jour détruit toutes les illusions de la nuit.

Émile, impatienté peut-être parce qu'il donnait le bras à la mère, peut-être parce que Rodolphe serrait le bras de la fille, proposa à son ami de lui rendre sa liberté, sachant qu'il allait à la cour et qu'il n'était pas encore habillé.

— Non, non, non, dit le marquis de Villeroy, je suis à un poste d'honneur, j'y mourrai plutôt.

Cependant on avait déjà vu passer la marquise de Néers, premier grand prix de beauté; la duchesse de Santa-Fé, premier grand prix de peinture; la comtesse de Païva, premier grand prix de diamants; madame d'Albon et sa fille, premier grand prix de jeunesse — je parle de la mère; madame Musard, premier grand prix de perles fines; miss Cora Pearl, surnommée miss Kiupidone, et la dona Lucia Moroni, surnommée mademoiselle Phryné, qui se disputaient le premier grand prix de vertu; la chanoissesse rousse avec son amie Bérangère de Saint-Réal, premier grand prix de sculpture; la comtesse de Montmartel, premier grand prix de curiosité; en un mot, presque tout l'escadron volant des beautés qui font la mode.

Enfin le valet de pied d'Émile lui fit signe de la porte que la voiture allait passer devant le péristyle.

Rodolphe sentit tressaillir contre son bras la main de Jenny. Il désespérait de tenter une aventure mystérieuse quand madame Mac-Laën lui ouvrit la voie.

— Je regrette bien, monsieur, que votre dessein d'aller à la Cour vous empêche de venir prendre le thé chez moi.

— Madame, dit Rodolphe, je ne vais pas à la cour pour aller prendre le thé chez vous.

Son coupé l'attendait au bout du passage de l'Opéra. Il laissa passer Émile et la mère en avant; il eut l'art de s'égarer parmi la foule;

cela lui fut d'autant plus facile que Jenny ne lui montra pas son chemin.

— Après tout, dit-il, le mal n'est pas bien grand, mon coupé est à deux pas, je vais vous reconduire.

C'était si naturel, quoique bien joué, que la jeune Écossaise se laissa emmener.

Quand elle fut dans le coupé de Rodolphe, il lui demanda où demeurait sa mère.

— Rue Royale, n° 8.

Ce ne fut pas précisément cette adresse que le marquis de Villeroy jeta dans l'oreille de son cocher.

Dès que le cheval eut pris le grand trot, Rodolphe se sentit maître de Jenny.

— O Jenny! dit-il en lui prenant les mains comme pour la magnétiser, quand je pense que vous êtes seule avec moi, que je vous aime éperdûment, que je mourrai de chagrin si je ne vous vois plus, et que dans cinq minutes pourtant je vous perdrai pour toujours!

— Ne me parlez pas ainsi, dit Jenny avec inquiétude. Vous avez surpris ma force, je croyais que la vie était un roman, je m'aperçois que c'est une histoire. On voit le roman, mais on passe à côté.

— On passe à côté du bonheur, reprit Rodolphe, à moins qu'on n'ait le courage de se retourner vers le bonheur.

Jenny soupira.

— Je n'aurai pas ce courage-là. Je vois bien que les rêves sont des nuages qui fuient toujours. Ma mère a bien raison de me dire que les deux vertus de la femme, c'est la résignation et le devoir. Après cela, il y a le bonheur en Dieu. Et puis, il y a le bonheur des autres.

— Oui, les femmes sont admirables pour se consoler de tout. Vous vous consolerez de ne pas être heureuse, moi je ne me consolerai jamais de vous avoir rencontrée trop tard.

— Vous viendrez me voir quand je serai mariée. Nous vivrons en bonne amitié. Vous vous marierez aussi et vous m'amènerez votre femme.

— Primo, je ne suis pas l'ami d'une femme que j'aime. Secundo, je ne me marierai jamais.

— Jamais?

— Non, si ce n'est avec vous.

— Vous savez bien que tout est fini, presque fini.

Rodolphe pencha doucement la tête, il parla de si près que ses lèvres embrassèrent les cheveux de la fiancée de M. Émile ***.

— Et si je vous arrachais de force à ce mariage qui sera votre malheur?

— Vous ne le ferez ni à cause de moi, ni à cause de votre ami.

— Eh bien! je le ferai à cause de moi. Qu'est-ce que l'amitié quand l'amour parle?

Le coupé avait déjà dépassé la rue Royale.

— Où allons-nous? demanda Jenny en voulant baisser la glace.

— Rien n'arrêtera mon cheval, rien n'arrêtera ma passion.

L'Écossaise s'indigna dans sa vertu :

— J'arrêterai tout, le cheval et l'homme, par un seul mot : Je ne vous aime pas.

Rodolphe pencha une seconde fois ses lèvres sur le cou de Jenny.

— Ce n'est pas là le cri du cœur, dit-il.

En effet, ce n'était pas le cri du cœur. La jeune Écossaise avait beau faire appel à sa dignité en révolte, elle sentait que Rodolphe lui était apparu comme le maître de sa destinée. Il y avait, dans sa figure railleuse çà et là attendrie par une bouffée d'amour, un air de domination qui tombait sur elle et lui liait les mains. Il lui avait parlé du diable : il lui semblait qu'elle déjà, à son insu, avait vendu son âme au diable.

— Mais monsieur, dit-elle, voulant tenter cette lutte impossible quand déjà elle se sentait vaincue, songez à ma mère, songez à...

Elle n'eut pas la force de prononcer le nom d'Émile, parce qu'elle sentit que son cœur l'avait déjà trahi.

— Votre mère, demain nous l'appellerons.

— Où allons-nous donc ?

— Je vous l'ai dit, au bout du monde, à dix minutes de Versailles. J'ai là un petit château caché dans les bois.

— Mais, monsieur, vous m'enlevez comme une fille galante.

Jenny se dégagea des mains trop magnétiques du marquis de Villeroy.

— Non, ma belle Jenny, je vous emmène là comme une fille à marier. Vous serez ma femme.

— Mais ce mariage! mais ces bans publiés! mais ces lettres de faire part mises à la poste ce soir!

— Puisque vous aimez les romans, c'est un chapitre de roman. Qu'est-ce que tout cela fait? Demandez à ce gentleman du Conseil d'État qui était près de nous dans l'escalier de l'Opéra, n'a-t-il pas enlevé sa femme par droit de conquête, quand elle était déjà la femme d'un autre? L'opinion publique amnistie tous ceux qui la bravent vaillamment, parce que la nature est au-dessus de l'opinion publique, parce que quiconque obéit à son cœur obéit à Dieu.

Mademoiselle Mac-Laën pleurait.

Quand un homme rit, il est désarmé; quand une femme pleure, c'est qu'elle ne demande plus qu'à être consolée.

Rodolphe but doucement les larmes de Jenny.

— Pour quoi et pour qui pleurez-vous? Est-ce pour vous? Je vous aimerai tant, que vous serez heureuse. Est-ce pour votre mère? Elle sera heureuse de votre bonheur. Est-ce pour votre fiancé? C'est un homme d'affaires, il en fera une autre et tout sera dit. Il voulait prendre une femme à prime, qui sait quand eût été l'échéance. Il se remariera fin prochain, à la hausse ou à la baisse.

Comme toutes les femmes romanesques Jenny passait vite d'une idée à une autre.

— Et la corbeille? dit-elle avec un sourire.

— Rassurez-vous, il la replacera avec avantage.

— Comment, avec avantage!

La jeune Écossaise se trouvait presque offensée, quoiqu'elle commençât à ne plus vouloir regarder derrière elle.

— Oui, répondit le marquis de Villeroy, car je suppose que vous n'avez pas de dot.

Rodolphe voulait prouver qu'il adorait Jenny en homme de cœur et non en homme d'argent.

— Vous vous trompez, reprit la jeune fille qui ne doutait pas des bons sentiments du marquis de Villeroy. J'apportais à M. Émile*** un million.

— Moins que rien, dit Rodolphe d'un air dégagé, cinquante mille livres de rente, de quoi figurer dans la liste des dames de charité.

Quoiqu'il n'enlevât pas la femme pour la dot, le marquis de Villeroy n'était pas fâché d'apprendre que la jeune fille avait de quoi payer les inspirations de Worth, de Chevreuil et des autres. D'autant plus que lui-même n'avait pas un coffre-fort sérieux, car tout son patrimoine consistait en vingt-cinq mille livres de rente et en un petit château près de Versailles. S'il faisait si bonne figure dans le monde c'est qu'il y a des hommes qui font toujours bonne figure, quelle que soit leur fortune, comme il y en a qui font toujours mauvaise figure, ceux-ci pour être trop pauvres, ceux-là pour être trop riches.

— Vous m'épouserez? dit tout à coup Jenny devant les protestations de Rodolphe.

— Oui, je vous épouserai, mais je veux toujours être votre amant.

III

Le château enchanté

Une heure après on arrivait au petit château où on n'était pas attendu.

Rodolphe n'avait pas encore épousé Jenny.

On trouva un jardinier tout ahuri qui eut toutes les peines du monde à ouvrir les portes. On jeta un fagot dans l'âtre de la salle à manger où on se chauffa les pieds en attendant une omelette au jambon promise par la femme du jardinier.

Il n'y a pas de sentiment si tendre, si idéal, si divin qu'il soit, qui résiste à la faim. Ventre affamé n'a pas d'oreilles, même pour les propos d'amour. Un sceptique dirait : Combien y a-t-il de beaux sentiments dans un perdreau, une omelette aux truffes et une bouteille de vin de Champagne!

Rodolphe et Jenny mouraient peut-être d'amour, mais à coup sûr ils mouraient de faim.

Rien n'affame comme un baiser.

Cependant Jenny posait ses jolis pieds sur deux sphinx en bronze vert couchés sur des chenêts de bronze doré.

— Les jolis pieds, dit Rodolphe, j'ai bien envie de les prendre dans ma main.

A cet instant le savoureux parfum d'une omelette au lard assaisonnée par une main rustique se répandit dans la salle à manger et vint aiguillonner encore l'appétit des amoureux.

— Hélas! murmura Jenny, moitié railleuse, moitié mélancolique, quand je pense que la femme la plus aimée ne trouverait pas un homme qui lui sacrifierait cette omelette au lard vers deux heures du matin, dans un château perdu dans les bois.

— Que voulez-vous! dit Rodolphe, qui n'était pas un sentimental à outrance, c'est qu'il y a en nous la bête et l'esprit. Il faut bien nourrir la bête.

— Oui, mais malheureusement la bête et l'esprit ont la même bouche. Werther embrasse Charlotte avec les mêmes lèvres qui ont tout à l'heure mangé de la choucroute. Voilà ce dont j'enrage, moi qui m'embarque quelquefois pour le monde aérien.

Or, pendant qu'on se mettait à table au petit château de Rodolphe, on prenait encore le thé chez madame Mac-Laën, ou plutôt on ne prenait rien du tout. Il était survenu quelques amis, on se regardait avec des figures de l'autre monde. Le fiancé était sorti vingt fois. Il était si troublé et si éperdu qu'il mettait tout le monde dans le secret de cette aventure.

— Le cheval se sera emporté et il leur sera arrivé malheur, disait la mère.

Le fiancé ne se coucha pas.

— Ah! Jenny! Jenny! disait-il avec colère et avec désespoir, vous me paierez cela la première nuit des noces.

Il se promettait bien de tuer le marquis de Villeroy. Il connaissait ses façons sommaires avec les femmes, il ne doutait pas qu'il n'eût tenté de lui prendre l'Écossaise. Mais comme il avait foi dans la vertu de la jeune fille il se disait qu'il la retrouverait digne de la couronne d'oranger.

Le lendemain, pas de nouvelles, du moins pour lui; car la mère de Jenny reçut ce simple mot d'une main inconnue :

Ne pleure pas. Je suis heureuse.

Cependant les lettres de faire part avaient averti tout Paris que M. Émile *** et mademoiselle Mac-Laën recevraient la bénédiction nuptiale en l'église de la Madeleine le mardi 12 mai. Quelques femmes qui croient que l'église est un salon commandèrent des robes de matin faites surtout pour bien montrer leurs grâces quand elles sont agenouillées.

Le surlendemain nouveau billet de la fille à la mère :

Console-toi. Je suis plus heureuse encore.

Émile se penchait sur la corbeille avec désespoir.

— Voyez-vous, mon ami, lui dit madame Mac-Laën, je crois que vous ferez bien d'envoyer des lettres de deuil sur votre mariage.

— Je le crois aussi, dit tristement Émile. Après une si longue absence je ne serais plus qu'un mari ridicule. Adieu, madame. Si vous voulez voir un homme malheureux, regardez-moi.

Le fiancé éclata en sanglots. C'était la première fois de sa vie que le cœur prenait la place de la bourse. Il n'avait souffert jusque-là que pour des questions d'argent. Il avait traversé les amourettes parisiennes, le cigare et le sourire aux lèvres, mais cette fois le cœur était atteint. Une femme qui fuit lance toujours le trait du Parthe.

IV

Un an et un jour

Cette belle passion de Rodolphe avec Jenny dura un an et un jour, comme dans les contes de fées.

Ils n'eurent pas beaucoup d'enfants, mais ils en eurent deux. Jenny mit au monde, d'un seul coup, au bout de sept mois, deux adorables petites filles qu'on rencontre à cette heure, dans le même chariot, aux Champs-Élysées. Elles se ressemblent à ce point qu'elles ont été plusieurs fois changées en nourrice. Je m'explique. La mère fut la seule nourrice, pendant trois mois, disant qu'il y en a toujours pour deux. Or, les enfants se trompaient souvent de côté, sans faire de façons, la gamelle étant aussi bonne ici que là.

Voici comment ce roman dura un an et un jour :

Rodolphe et Jenny se trouvèrent si bien emparadisés dans ce petit château caché au milieu des bois, qu'ils se jurèrent, dès les premiers temps, de ne pas aller une seule fois à Paris, ni l'un ni l'autre, avant que l'année fût écoulée.

— Un an et un jour ! s'était écriée Jenny.

— Un an et un jour ! avait répété Rodolphe.

Et ils furent si heureux, si heureux, si heureux, qu'ils oublièrent de s'épouser.

Je vois d'ici plus d'un sourcil se froncer. Quoi ! me dira-t-on, le bonheur dans un pareil péché ! Le bonheur contre les lois divines et humaines ! Je ne moralise ni ne rédemptorise : je conte. Ils furent heureux pendant un an et un jour.

Peut-être que la seconde année leur eût apporté la mélancolie des jours d'hiver et la tristesse des jours de pluie. Peut-être qu'à force de s'aimer, ils se fussent moins aimés.

Peut-être qu'ils eussent pris le temps de descendre en eux-mêmes et de regarder la vie face à face sans le prisme de l'amour. Mais c'étaient des sages ces fous. Vous allez voir :

— Il y a aujourd'hui un an, dit Jenny en regardant Rodolphe avec un charmant sourire.

Il la regarda sérieusement.

— Un an ! dit-il avec un soupir, comme s'il sentait que la plus belle heure de sa vie tombait dans l'abîme.

Il compara, dans son esprit, ce qu'il était et ce qu'il était devenu. L'amoureux avait trouvé son compte, mais l'ambitieux se sentait bien plus loin de sa chimère.

Qu'allait-il faire le lendemain ? Renouveler le bail du bonheur ? Mais le bonheur ne signe jamais dans un contrat de mariage, ni même dans un contrat d'amour.

Rodolphe pouvait épouser Jenny, elle était d'aussi bonne maison que lui, elle lui apportait presque une fortune, mais il fallait tuer l'ambition, il fallait divorcer avec la diplomatie, il fallait abdiquer et renoncer au pouvoir, le cas échéant, — car son aventure avait fait du bruit, — et il ne pouvait plus épouser sa maîtresse pour en faire une femme du monde, — ou du moins du monde où il vivait.

Il lui restait la ressource de vivre comme il avait vécu depuis un an, épousant ou n'épousant pas Jenny, bornant son horizon à l'avenue du château et bornant son ambition à faire sauter ses filles sur ses genoux.

C'était la sagesse. Mais il était trop mondain pour sacrifier Paris à la solitude, quelque aimée qu'elle fût. Il avait trop trempé sa lèvre à la coupe empoisonnée pour se désaltérer longtemps aux sources vives de la fontaine.

— Non, dit-il, c'était un beau rêve, mais je suis réveillé.

Et après avoir pensé à lui, il pensa à elle.

Elle était belle toujours, mais la maternité avait tout d'un coup transformé la jeune fille idéale en femme épanouie. C'était à ne pas la reconnaître.

La poésie de son type d'héroïne de roman s'était évanoui sous les roses de la santé. Elle était devenue presque gourmande. Dans la quiétude de son amour, elle passait deux

heures par jour dans la cuisine, sans s'avouer
que c'était pour elle et non pour Rodolphe.
Qui oserait lui faire un reproche, à cette jeune
mère, qui commençait par deux enfants et qui
vivait dans l'air des bois ?

Plus sévère que vous ne le serez vous-
même, le marquis de Villeroy jugea que Jenny
devenait trop grasse. Selon lui, à quelques
années de là, elle perdrait tout le charme de
sa beauté, comme elle perdait déjà la grâce
de sa désinvolture.

Or, que pensait Jenny de son côté ? car
depuis quelque temps, chacun pensait de son
côté.

Elle aimait tant ses enfants qu'elle ne croyait
plus aimer beaucoup son amant. Elle lui en
voulait bien de ne pas l'avoir épousée, non
pas qu'elle l'eût prié de le faire jusque-là. Elle
comprenait que désormais elle ne l'épouserait
pas parce qu'elle avait surpris sa profession
de foi sur la maîtresse et sur l'épouse.

Jenny était étrangère. L'opinion publique
ne lui faisait pas peur à Paris. Son opinion publique, à elle, c'était ses cinquante mille livres
de rente. Quoique bien heureuse au château

de Rodolphe, elle commençait à regretter la musique française et la musique italienne; elle avait la passion du théâtre.

Quelle est la femme qui ne se dégoûterait du bonheur éternel?

Et puis il y avait un secret dans sa vie et dans son cœur.

Voilà pourquoi, quand Rodolphe lui proposa de retourner à Paris, elle lui répondit:

— Eh bien! nous retournerons à Paris.

V

Où le marquis de Sommerson donne de ses nouvelles

Quel était ce secret dans la vie et dans le cœur de Jenny?

Pourquoi voulait-elle retourner à Paris?

C'est parce qu'elle avait rencontré lord Sommerson sur son chemin.

Ouvrons une parenthèse amoureuse.

Un jour que Jenny était allée à Versailles toute seule pour acheter une robe, elle s'aventura dans le parc par une curiosité bien naturelle à une jeune fille à qui on a vanté les merveilles de Lenôtre et de Girardon. C'était par une de ces belles journées qui répandent le bleu et le rose dans les âmes romanesques. Elle ne s'était jamais trouvée à plus belle fête poétique, elle jugeait que les jardins à la française valent bien les jardins anglais. L'art ne gâte pas la nature, parce que l'art ne gâte jamais rien.

Lord Sommerson se promenait aussi dans les bosquets de Diane.

Pourquoi allait-il par là ?

Il allait pour une femme qui n'avait pas le courage de son amour et qui ne vint pas au rendez-vous. Lord Sommerson n'était pas homme à perdre sa journée. Il aborda cavalièrement Jenny. Elle s'offensa d'abord, mais il mit tant de grâce à lui prouver son admiration, il la regardait avec de si beaux yeux, il répandait tout autour d'elle tant de magnétisme qu'elle se sentit prise comme dans un filet. Que risquait-elle à continuer la conversation ? Elle avait devant elle un homme du meilleur monde ; les rencontres imprévues comme celles-là donnent toujours de douces émotions ; elle n'était pas plus bête qu'une autre, elle voulut prouver qu'elle n'avait pas peur, elle se perdit à force de s'enhardir.

On se promena longtemps, on causa beaucoup, on se grisa de belles paroles. Il lui disait qu'il n'avait jamais vu de femme si belle; elle se disait tout bas qu'elle n'avait jamais vu d'homme si beau.

Tout à coup, il lui proposa à brûle-pourpoint de venir déjeuner avec lui à l'hôtel des Réservoirs. Elle mourait de faim, mais elle refusa. On causa encore; il peignit la douceur du déjeuner à deux quand l'amour est le troisième convive; on se trompe de verre, on trouve dans le vin de Champagne une ivresse de cinq minutes qui vaut mieux que tous les bonheurs patentés.

— Vous m'en feriez venir le vin à la bouche, dit Jenny.

— Je savais bien que vous consentiriez, reprit lord Sommerson.

Et il l'entraîna à l'hôtel des Réservoirs.

— Mais que penserez-vous de moi?

— Je pense de vous que vous êtes une femme accomplie. Je ne suis certes pas assez bête pour n'avoir pas une bonne opinion d'une femme qui écoute mon cœur en écoutant le sien.

— Mais si je vous disais...

— Chut!.. pas un mot. Je ne veux rien savoir. Le passé et l'avenir ne me regardent pas. Nous nous rencontrons par une bonté du ciel, un jour de soleil; nous bâtissons en une seconde notre château de cartes; nous nous aimons une heure, tout est dit et tout est fini, à moins que nous ne recommencions un autre jour.

Jenny trouvait que le marquis parlait comme un fou, mais elle était dans la même folie. Elle ne pouvait plus se délivrer du charme qui la caressait et la battait; à chaque instant elle voulait reprendre sa dignité, mais elle subissait lâchement les séductions de son adorable inconnu.

Ce qu'il y eut de plus joli en cette aventure, c'est que ni lui ni elle ne se demandèrent leur nom. C'était une femme, c'était un homme, deux beautés éclatantes, la conjonction de deux astres.

Ils furent si contents l'un de l'autre, qu'ils promirent de déjeuner encore ensemble huit jours après.

Quand Jenny retourna chez elle ou plutôt

chez Rodolphe, elle pleura abondamment. Elle se demanda par quelle magie elle avait oublié tous ses devoirs. Mais elle n'en était pas à son premier roman. Elle fit comme toutes les femmes qui succombent à la tentation et accusa la fatalité.

Ce qui ne l'empêcha pas, huit jours après, d'aller tremper encore ses lèvres dans la coupe à vin de Champagne où lord Sommerson trempait les siennes.

Il paraît que le vin était bon, car elle y retourna une troisième fois.

Ce fut tout. Ils continuèrent lui et elle à garder le plus strict incognito, si bien qu'en se quittant pour ne plus se revoir, — lord Sommerson retournait à Londres, — ils ne songèrent même pas à s'écrire.

Adorables amours que ceux-là !

On comprendra sans doute pourquoi Jenny ne fit pas de façon pour revenir à Paris.

Elle avait trahi la religion de l'amour dans la solitude. Elle aimait toujours M. de Villeroy, mais non plus avec la tendresse profonde d'un amour unique.

Rodolphe, comme tous ceux qu'on trompe,

ne s'en était pas aperçu. La première fois Jenny était à Versailles pour acheter une robe, la seconde fois pour l'essayer, la troisième fois la couturière avait manqué la robe, il avait fallu en racheter une autre. Aussi dit-elle à son amant :

— Tu viendras l'essayer avec moi.

Rodolphe alla essayer la robe. La robe allait bien.

Donc, au bout de l'année, on se promit, pour accomplir le vœu d'un an et un jour, de passer le lendemain le plus amoureusement et le plus poétiquement du monde.

Jenny ordonna la journée. On se lèverait matin, on irait promener dans les bois, quoiqu'ils fûssent tout blancs de neige, pour dire adieu à tous les beaux arbres qui étaient devenus leurs amis. On déjeunerait gaiement, se becquetant comme des oiseaux entre chaque bouchée. On ferait une promenade en voiture selon la coutume. On dînerait bien, un dîner préparé par la main de la maîtresse de la maison. Dans la soirée on ferait un pèlerinage aux quatre coins du château pour remercier les dieux lares, pour emporter plus vivants tous les souvenirs d'une si belle année. On reviendrait au coin du feu, on ferait encore une longue causerie jusqu'à l'heure où on entendrait piaffer les chevaux pour le retour à Paris.

Ce qui fut dit fut fait. Mais au moment de monter en voiture, Jenny s'écria :

— Nous allions oublier de bien faire les choses. Je ne veux pas m'en aller d'ici sans que la jardinière me serve une omelette au jambon comme l'an passé.

Rodolphe sourit.

— Va pour l'omelette au jambon, ô belle gourmande!

— Gourmande d'amour, dit-elle en riant, tu ne me serviras jamais assez de baisers pour ma faim.

On se remit donc à table. Rodolphe remarqua que Jenny seule mangeait avec le fier appétit de la première fois.

Quand elle se leva de table elle alla poser ses pieds sur les sphinx des chenets.

— A mon arrivée, dit-elle, ces sphinx ne m'ont pas répondu; que me répondront-ils à mon départ?

Rodolphe embrassa doucement Jenny :

— Ils vous répondront qu'ils ne vous répondront point. Voyez-vous, ma belle amie, vivre, c'est marcher dans l'inconnu.

— Vivre, dit-elle tristement, c'est aimer.

Jenny embrassa ses enfants.

VI

L'amour et le mariage

Le marquis de Villeroy et miss Jenny Mac-Laën arrivèrent à Paris vers minuit et demi.

On était parti deux, un an auparavant, dans un petit coupé à deux places, on revenait six dans un landau fermé, lui et elle, les deux enfants et deux berceuses.

Jenny mourait de soif, peut-être parce qu'elle avait trop donné à boire à ses deux filles pendant le voyage. Elle demanda à Rodolphe de s'arrêter devant le café Napolitain et de lui faire apporter un sorbet, car elle ne voulait pas descendre de voiture, quoique ses deux enfants fussent endormis dans les bras de leurs berceuses.

Rodolphe obéit de fort bonne grâce.

La première figure qu'il vit dans le café Napolitain, ce fut M. Émile***. Ils se rencontrèrent parce que l'un entrait quand l'autre sortait. C'était l'imprévu, l'imprévu à ce point que Rodolphe prononça tout haut le nom d'Émile, pendant qu'Émile prononçait tout haut le nom de Rodolphe, avant qu'ils ne se fussent demandé ce qu'ils devaient faire en pareille rencontre. S'ils avaient eu le temps de réfléchir, peut-être ne se fussent-ils pas reconnus ; mais maintenant qu'ils venaient de dire tout haut leur nom et qu'ils s'étaient arrêtés l'un devant l'autre, ils n'avaient plus que deux partis à prendre : se donner la main ou se donner leur carte.

Ils se donnèrent la main. Il n'y avait pas de quoi. — Rodolphe pardonnait à Émile le bonheur qu'il lui avait volé. — Émile pardonnait à Rodolphe parce qu'il était né pacifique et qu'il subissait la domination de son ami. D'ailleurs c'était déjà si loin !

— Est-il possible que je te donne la main !

dit Émile avec un mouvement d'indignation contre lui-même.

— Mais, mon cher, tu me dois des actions de grâces ! Je t'ai délivré d'une femme romanesque qui un jour ou l'autre eût fait beaucoup trop de bruit chez toi.

— Mais tu n'es donc pas heureux ? demanda Émile avec une curiosité inquiète.

— Heureux ! Pourquoi donc ?

Émile n'était pas bien convaincu que Rodolphe disait la vérité ; toutefois il ne doutait pas que Jenny ne fût la femme la plus romanesque du monde.

— Et elle, — est-elle — heureuse ?

— Non, répondit nettement Rodolphe ; est-ce qu'une femme est jamais heureuse ?

Et afin que son ami ne gardât nul ressentiment de jalousie, il ajouta :

— Si elle est heureuse, c'est par ses enfants.

— Comment, par ses enfants ?

— Tu n'as donc pas revu madame Mac Laën ? Tu n'as donc pas appris que Jenny avait mis au monde deux petites filles à cinq minutes de distance ?

— Tudieu ! comme elle y va !

Rodolphe tournait souvent la tête vers le landau; Jenny trouvait qu'il était bien longtemps à revenir. Elle ne s'expliquait pas pourquoi il fallait cinq minutes pour lui apporter un sorbet. Elle mettait la tête à la portière avec impatience.

Rodolphe appela un garçon et lui ordonna de porter un sorbet dans le landau qui était arrêté en face du café.

— Elle est donc là? demanda Émile avec une subite émotion.

Après un silence, Rodolphe se décida à dire à Émile que c'était Jenny elle-même qui lui faisait signe.

— Après cela, dit-il avec son scepticisme habituel, c'est peut-être à toi-même qu'elle fait signe, car elle t'a sans doute reconnu.

— Eh bien! mon cher, dit Émile résolûment, je veux te prouver que je suis un philosophe. Je vais aller lui dire bonsoir.

— Tu lui feras le plus grand plaisir, car nous avons toujours parlé de toi avec la plus vive sympathie.

Les deux amis étaient arrivés devant la voiture. Jenny n'avait pas reconnu Émile;

quand il s'approcha avec Rodolphe, elle ne voulait pas croire que ce fût lui.

Il s'inclina et voulut lui parler, mais les paroles s'arrêtèrent sur ses lèvres. Il venait d'apercevoir les deux enfants.

— C'est vous ! murmura Jenny fort émue elle-même.

Rodolphe prit la parole pour Émile.

— Oui, ma chère Jenny. Un cœur d'or, cet Émile ! Pas un mauvais sentiment. Si je n'étais pas en plein boulevard, nous l'embrasserions tous les deux.

— Oh ! que je suis heureuse de vous revoir, reprit Jenny en tendant la main à Émile.

— Pour toute réponse, il prit la main et il la baisa.

— Pauvre homme ! murmura Jenny.

Elle avait senti une larme sur sa main.

Le garçon apporta le sorbet.

— Non, dit-elle, je n'ai plus soif. M. de Villeroy, nous allons rentrer tout de suite.

— Et où allez-vous ? demanda Émile en s'efforçant de sourire.

— Rue Royale, mon cher, répondit Rodolphe, chez madame Mac-Laën qui doit nous attendre depuis onze heures avec un vrai thé écossais.

— Comme il y a un an, dit tristement Émile.

— Un an et un jour, répéta miss Jenny avec une expression mélancolique.

— Puisque tu es un véritable philosophe et un véritable ami, dit Rodolphe à Émile, viens prendre du thé avec nous.

— J'allais vous le demander, dit Émile.

Cinq minutes après, Jenny avait embrassé sa mère. Avant qu'on ne couchât les enfants, elle les prit et leur donna le sein.

On sonna.

C'était déjà Émile, qui n'avait pas voulu réfléchir et qui était venu à grands pas.

Ce fut la mère de Jenny qui le reçut. Il fut profondément touché de ce tableau à la Lawrence. Les deux petites filles étaient charmantes, toutes roses dans leurs robes de dentelle blanche, cheveux ébouriffés, petites mains gourmandes comme les lèvres, car elles prenaient le sein des mains comme des lèvres.

— Ah! madame, dit Émile, comme s'il fût

lui-même du festin, vous n'avez jamais été plus belle.

Rodolphe causait vaguement avec madame Mac-Laën et feuilletait les journaux avec la curiosité ravivée d'un vrai Parisien qui s'est arrêté trop longtemps dans ses terres.

A son petit château, Jenny n'était déjà plus que la moitié de sa vie. Maintenant qu'il se sentait repris par la fièvre parisienne, cette charmante figure n'était presque plus qu'un souvenir. Aussi ne s'inquiétait-il pas de voir Émile causer intimement avec Jenny. Il était comme ces maris qui n'apprécient plus leur bien et qui ne s'inquiètent pas du plaisir que d'autres y trouvent.

Or, voici ce que se disaient Émile et Jenny :

— C'est comme un rêve pour moi. Si je ne voyais là ces deux enfants, je croirais encore que nous allons nous marier dans huit jours.

— Oui. Un rêve, vous avez raison. Que voulez-vous! Une femme subit les volontés de la destinée. Nous nous sommes perdus en sortant de l'Opéra. M. de Villeroy avait des chevaux impatients qui ne voulaient pas s'arrêter. Tout a été perdu.

— Vous ne m'aimiez pas ! reprit tristement Émile.

— Qu'est-ce que l'amour ? murmura amèrement Jenny. L'amour est un mal, puisqu'il nous donne la fièvre, puisqu'il nous aveugle, puisqu'il nous arrache l'honneur. Ou plutôt, l'amour a ses heures de folie comme il a ses heures de sagesse.

— Ah ! si vous n'aviez pas été si romanesque !

— Ah ! si vous n'aviez pas été si raisonnable !

On se regarda en silence.

— Et quand vous épouse-t-il ? hasarda Émile.

— Jamais ! répondit expressivement Jenny.

Ce jamais avait été lancé en arme à deux tranchants, comme si Jenny voulût faire bien comprendre que ni l'un ni l'autre ne le voulaient.

Plus Émile contemplait Jenny, plus il sentait tout ce qu'il avait perdu. Elle lui semblait plus belle encore.

— Ah ! comme je vous aimais ! reprit-il.

Elle leva doucement les yeux sur lui.

L'amour et le mariage

— Ah! comme je vous aime encore!

Jenny tourna les yeux sur Rodolphe, préoccupé des débats du Corps législatif, où le ministère avait bien joué son jeu.

Quand la femme n'est pas à celui qui l'aime le moins, elle est à celui qui l'aime le plus. C'est une loi de la nature. Elle subit la force de l'atmosphère. Aussi, quoique Rodolphe fût un tout autre homme qu'Émile, comme il était repris à l'ambition, tandis qu'Émile était repris à l'amour, Jenny ramena son regard sur son ex-fiancé comme pour lui dire : Et moi aussi je vous aime !

Elle était touchée au cœur de ce culte persévérant d'un pauvre homme qui avait subi une des plus violentes insultes. Il était là devant elle, caressant comme le chien qu'on a battu et qui ne demande qu'à être pardonné du mal qu'on lui a fait.

Quand on servit le thé, les âmes d'Émile et de Jenny s'étaient réembrasées et reconquises.

On avait emmené les enfants. Madame Mac-Laën — une vraie dormeuse, celle-là — était allée se coucher, ne comprenant rien au retour d'Émile *** dans la maison.

Rodolphe était venu se mettre à table avec ses journaux.

— Quand on pense, dit Jenny, que Rodolphe a été un an sans lire les journaux !

— C'est trop long, dit Rodolphe, comme s'il s'accusait d'avoir perdu son temps.

— Pour moi, dit Émile, je ne comprendrais pas de joie plus grande que celle d'aller oublier tous ces caquetages et tous ces racontars dans une vraie solitude avec une vraie femme.

— Il regardait Jenny.

— Oui, murmura négligemment Rodolphe, il y a des gens qui sont nés pour être heureux. Mais noblesse oblige. Ma noblesse, à moi, ce n'est ni mon nom ni mon titre de marquis, ce sont mes stations diplomatiques. Je ne veux pas mourir à moitié chemin. J'ai juré que je deviendrais ambassadeur, je le deviendrai avant qu'il soit un an et un jour.

— Et moi ? pensa Jenny qui pressentait que Rodolphe allait lui échapper.

— Voilà ce que c'est ! dit résolûment Émile ; pendant que tu me prenais ma place, un autre te prenait peut-être la tienne.

On reparla du passé. On ne craignit pas

d'évoquer les souvenirs du mariage d'Émile et de Jenny.

— Quand on songe, dit Émile, que quelques heures après votre départ je courais chez M. Vandal et que je le suppliais, au nom de l'honneur, non pas du mien, mais de celui de mademoiselle Mac-Laën, d'arrêter les cinq cents lettres jetées le soir à la poste. Il me demanda si je jouais le *Chapeau de paille d'Italie*. Quand il vit à ma figure que c'était si sérieux, il donna des ordres pour que les lettres me fussent rendues. Mais combien qui déjà étaient parties!

— Et que sont devenues les autres? demanda Jenny.

— Je crois que je les ai brûlées.

Rodolphe s'était bien un peu aperçu des sentimentaleries d'Émile et de Jenny.

— Mon cher, si tu as brûlé les lettres, tu as eu tort.

— Pourquoi donc? dit Émile avec une colère subite devant cette offense.

Rodolphe n'osa pourtant pas accuser sa pensée par un mot de plus.

Émile était brisé par les émotions. Il se

leva, il salua gravement Jenny et il prit son chapeau.

— Attends-moi, lui dit Rodolphe, je m'en vais avec toi.

Émile fut apaisé.

Quand ils furent dans l'escalier, Rodolphe chercha à commenter le mot qu'il avait dit.

— Vois-tu, reprit-il, il y a dans la vie des pages qu'il faut arracher. Si je n'avais enlevé Jenny, emporté par la violence d'une passion soudaine, je l'eusse épousée avec le plus grand respect, parce que c'est une femme pavée de bonnes intentions. Mais aujourd'hui je reconnais que je ferais son malheur et le mien.

On venait de dépasser la porte cochère.

Émile avait laissé parler son ami.

— Et qui donc l'épousera? dit-il en frappant du pied sur la dalle.

— Toi, peut-être, ou un autre, mais ce ne sera pas moi, répondit Rodolphe sans s'inquiéter de l'air altier que venait de prendre Émile.

— Ni moi ni un autre. Ce sera toi.

— Est-ce une provocation?

— Oui, dit Émile plus altier encore. Je me battrai avec toi parce que tu m'as volé mon bonheur et parce que tu n'as pas le courage de ta mauvaise action.

— Mon cher Émile, tu es fou ! Je ne veux pas me battre avec toi parce que les forces sont inégales, à moins que ton pistolet soit chargé et que le mien ne le soit pas. Adieu. Nous nous reverrons demain.

Et le marquis de Villeroy s'éloigna vers le Cercle Impérial.

— Jamais ! lui cria Émile.

Il se promena devant la maison de Jenny, comme si son cœur le retînt de force.

Quelques minutes après, comme il était encore là, une fenêtre s'ouvrit. C'était celle de la maîtresse de Rodolphe.

Il leva la tête. Il reconnut la jeune fille, je me trompe, la jeune mère.

— C'est pour lui, dit-il, qu'elle se met là, c'est pour le voir partir !

La fenêtre se referma.

Il reprit lentement le chemin de sa maison. Il arriva chez lui plus amoureux et plus désespéré que jamais.

Comme tous ceux qui traversent une crise, il ne dormit pas. Il se coucha, il se releva, il écrivit, il feuilleta des lettres.

Tout d'un coup il retrouva ce billet :

Madame Mac-Laën a l'honneur de vous faire part du mariage de mademoiselle Jenny Mac-Laën avec monsieur Émile ***, chevalier de la Légion d'honneur, officier du Lion Néerlandais, commandeur de Saint-Grégoire le Grand,

Et vous prie d'assister à la bénédiction nuptiale qui leur sera donnée, en l'église de la Madeleine, le mardi 8 mai.

Émile soupira :

— Il y a tout juste un an ! Et elle a eu deux enfants ! Et ce n'est pas avec moi qu'elle a passé la nuit des noces !

Il déchira la lettre de faire part et la jeta dans l'âtre.

— Qu'est-ce donc que la femme ? dit-il avec fureur.

VII

La décoration du mari

Mais cette belle indignation n'empêcha pas M. Émile *** de remettre à la poste le lendemain même, une lettre de faire part où il n'y avait pas un mot de changé, si ce n'est l'heure, le jour et l'année. Je me trompe, à ses décorations il en ajouta une.

Il y avait bien de quoi.

Seulement, au lieu de cinq cents lettres, il n'en envoya que cinquante. Ce qui n'empêcha pas le directeur des postes, qui reçut la première lettre, de lui écrire fort spirituellement : « *Est-ce bien décidé qu'on les lance dans le monde ?* »

C'était bien décidé.

Il n'y eut à la Madeleine que trois ou quatre amis. Pas une seule femme. Il était si matin!

On remarqua que M. Rodolphe de Villeroy n'était pas venu.

Sans doute Émile avait oublié d'inviter son ami.

Naturellement, cette remarque, faite d'abord à l'église, fut faite ensuite dans le *Figaro,* qui est un peu de toutes les fêtes. Je crois même que le *Figaro,* qui ne dépassa pas les initiales, se permit ce mot expressif : *Ils seront heureux et ils auront beaucoup d'enfants.* » Un autre journal remarqua que les Écossaises vivaient dans un climat trop rude pour porter jamais la couronne d'oranger.

La mariée ne fut pas atteinte. Après la messe, après un déjeuner succinct, elle se jeta dans les bras d'Émile et elle lui dit avec l'expansion du cœur et de l'âme :

— Vous êtes un brave homme!

J'ai oublié de dire que M. Émile ***, ne voulant pas faire les choses à demi, avait reconnu les enfants dans l'acte de mariage.

Ce jour-là, que pouvait bien faire Rodolphe? Rentré en grâce dès le lendemain de son retour, il n'avait pas perdu une heure pour se rattraper des fautes du passé. Non-seulement il avait repris sa position, mais il était sur le point d'être nommé ministre à ***.

Il savait le mariage d'Émile et de Jenny. Il passa devant la Madeleine à l'heure même des épousailles.

— Qui sait? dit-il avec une secousse vers les joies du passé, le bonheur était peut-être là!

— Après cela, reprit-il avec son sourire de sceptique et en jetant vers la Madeleine une bouffée de son cigare, comme un encens pour la bénédiction nuptiale, je la retrouverai si je veux.

On se souvient qu'il avait dit à Jenny qu'il était le diable. Si elle l'eût vu à cette heure-là, elle eût reconnu Satan.

Comédie des comédies! Il n'y avait pas qu'un seul démon à la porte de l'église, il y en avait deux. Lord Sommerson frappa sur l'épaule du marquis de Villeroy.

— Que faites-vous là, mon cher?

— Je vous avoue que je veux voir passer,

d'un peu loin, une jeune fille qui se marie et qui ne porte pas la couronne d'oranger.

— C'est vous qui l'avez cueillie?

— Je ne dis pas cela, murmura Villeroy avec une pointe de fatuité.

A cet instant même, la mariée apparut sous le péristyle. Lord Sommerson reconnut sa belle inconnue du parc de Versailles.

Il regarda Villeroy avec un sourire railleur.

— Est-ce que vous la connaissez? demanda le diplomate.

— Non, répondit le jeune lord en masquant mal, lui aussi, une pointe de fatuité.

Ils se donnèrent la main et s'éloignèrent.

— J'ai été heureux un an, se dit Villeroy.

— J'ai été heureux un jour, se dit Sommerson.

Que se disait le mari? Sera-t-il heureux une heure?

LIVRE III

LA MARQUISE DE VILLEROY

BRÉVIAIRE D'UNE DANSEUSE ET D'UNE VALSEUSE DU BEAU MONDE.

La valse est une vie à deux.

✱✱✱

Un homme ne sait jamais bien danser, à moins que les femmes ne lui aient appris à valser.

✱✱✱

Les danses les plus intimes sont moins dangereuses que les valses les plus platoniques.

✱✱✱

Il n'est pas de violent désir auquel une valse n'ajoute quelque chose.

✱✱✱

La valse peut donner de l'amour à ceux qui n'en ont pas, comme l'amour donne de l'esprit à ceux qui en manquent.

✱✱✱

Une jeune fille aime la danse, une femme aime la valse, comme l'une aime l'amour et l'autre l'amant.

✱✱✱

Les dangers d'une danseuse sont toujours en proportion de sa valse.

Pour une femme chaste, la valse est une statue et la danse un tableau.

***

On ne cherche à danser que pour chercher à valser.

***

Une femme n'est jamais plus exposée à valser que lorsqu'elle vient de danser.

***

Telle femme résiste à la danse qui l'invite, qui ne résiste pas à la valse qu'elle inspire.

***

Une femme aurait mauvaise idée de son danseur s'il ne voulait pas valser.

***

Vous offensez une femme quand elle vous demande une valse et que vous ne lui donnez qu'une danse.

***

Une femme aime moins un homme pour la danse qu'elle lui trouve, que pour la valse qu'elle lui suppose.

***

La valse des femmes est l'écueil de leur danse.

***

L'amour est l'échange de deux contredanses et le contact de deux valses.

***

Toutes les femmes sont valseuses par l'imagination, danseuses par l'esprit.

***

Une femme est assez savante quand elle sait distinguer une valse à trois temps d'une valse à deux temps.

***

La première qualité d'un homme qui danse est d'être un homme qui valse.

***

Le danseur qui ne laisse pas désirer la valse est un homme qui perd son bal.

***

I

La première valse de mademoiselle Victoria

ODOLPHE de Villeroy fut puni par où il avait péché. Après avoir pris, dans tous les mondes, les femmes de tout le monde, celles de ses amis comme celles de ses ennemis, il se laissa prendre par une femme.

Naturellement c'était un ange tout habillé de fil de la Vierge.

Son nom ne lui avait pas plu, sa marraine lui avait infligé le nom de Victoire. C'était au temps où la reine Victoria était venue à Paris ; la marraine était une Anglaise, lady Victoria Hardson. Il est vrai que le nom de famille relevait un peu le nom de baptême de la jeune fille : elle s'appelait Victoire comme sa cuisinière, mais elle s'appelait Victoire de Marsac, une des branches de la famille de Richelieu. Elle finit par vouloir s'appeler Victoria.

C'était la candeur et l'ingénuité dans toutes leurs grâces juvéniles. Un peintre aurait voulu représenter la vertu à sa première manière — je veux dire à sa première expression, car la vertu n'a pas de manière — qu'il eût choisi la figure de cette jeune fille à la blonde chevelure, au profil de vierge, aux yeux d'azur. Un poëte n'eût pas manqué de dire que c'étaient deux fenêtres ouvertes sur le ciel. On jugeait en la voyant qu'elle n'avait jusque-là vécu qu'en Dieu et en sa mère.

Rodolphe de Villeroy espérait bien qu'elle ne vivrait désormais qu'en lui.

Quoiqu'elle eût l'air d'une Écossaise, voire même d'une Norvégienne, tant la chaste blancheur des filles du Nord était répandue sur son visage, c'était une Parisienne.

Paris fait des filles de tous les pays. C'est l'ardente fournaise où se viennent fondre tous les types, tous les caractères, toutes les physionomies. Seulement il a beau faire des femmes du Nord et du Midi, il leur imprime à toutes sa marque parisienne.

Rodolphe avait rencontré mademoiselle de Marsac à sa première entrée dans le monde. Jusque-là il lui avait toujours semblé qu'une femme pouvait être à lui quelle qu'elle fût, sans qu'il se condamnât à passer le cap du mariage. Mais devant cette innocence immaculée, que nul regard n'avait encore frappée de ses désirs, une douce lumière se fit en son âme. Il pressentit que là était son bonheur. Cette jeune fille lui apparaissait comme le dernier rêve de sa jeunesse. Il était encore en pleine tempête, mais la rive lui souriait, toute égayée par les lauriers-roses, la villa ombragée et l'horizon bleu.

Il se fit présenter au père, qui le présenta à la mère, qui le présenta à la fille; mais non plus cette fois comme un homme qui part pour les aventures, mais comme un aspirant aux lois sévères du mariage.

Ce fut d'autant plus beau de sa part qu'il ne s'inquiéta pas d'abord de la dot : n'apportait-elle pas la fortune puisqu'elle apportait le bonheur ? La vraie dot n'est-ce pas la beauté et l'innocence, ces deux cariatides de la maternité ? N'avait-il pas assez de fortune sans vouloir la greffer sur celle d'une fiancée ? Et puis il y a des heures où l'argent ne compte pas. Rodolphe s'abandonna donc aux plus adorables espérances devant l'apparition de Victoria.

Il lui demanda à danser avec elle.

— Est-ce que vous dansez déjà, mademoiselle ?

— Je danse et je valse, monsieur.

— Vous valsez !

Il fut jaloux. Lui qui avait pris tant de femmes dans la valse, il tremblait déjà de voir cette belle fille abandonnée aux bras de quelque libertin des salons qui viennent respirer la femme jusqu'à la tige, tout en soufflant sur elle les flammes vives des passions.

— Ne laissez pas encore valser votre fille, dit-il à la mère.

— J'y avais songé, dit madame de Marsac,

Victoria

mais la valse n'est dangereuse que pour la femme mariée. L'innocence, voyez-vous, cela préserve de tout.

Rodolphe savait bien que l'innocence ne préserve de rien. C'est une robe de neige qui glace les esprits timides, mais qui fond sous l'étreinte des esprits aventureux.

— Victoria, dit madame de Marsac à sa fille, tu ne valseras pas ce soir.

— Oh! maman, moi qui n'aime que la valse!

Elle se tourna vers Rodolphe et elle lui dit avec une charmante naïveté :

— N'est-ce pas, monsieur, qu'on est heureux en valsant?

On préludait à une valse d'Olivier Metra, le *Tour du monde,* un chef-d'œuvre qui fait valser l'esprit.

— Eh bien! mademoiselle, nous allons valser.

— Oh! oui.

Et elle tendit les bras comme si elle n'était déjà plus maîtresse d'elle-même.

Quelques secondes après elle était dans le tourbillon.

Rodolphe valsait bien et il avait un joli pied. Il emporta Victoria comme une plume au vent. Tout le monde les regarda, tout le monde aurait voulu que les autres valseurs disparussent pour laisser le champ libre à Rodolphe et à Victoria, comme si chacun prît sa part dans leur plaisir.

N'avez-vous pas remarqué que, dans toutes les foules, il y a des têtes qui font la lumière et des têtes qui font l'ombre ? Rodolphe et Victoria avaient le front tout auréolé, tandis que les autres valseurs semblaient baigner leurs têtes dans la nuit.

Au dernier coup d'archet, Victoria vint toute haletante se jeter dans les bras de sa mère en lui disant :

— Ah ! comme il valse bien et comme je suis heureuse.

Rodolphe entendit ce mot. N'était-ce pas le cri du cœur ?

Le lendemain le ministre des affaires étrangères alla demander en personne la main de mademoiselle de Marsac pour monsieur le marquis Rodolphe de Villeroy. Monsieur et madame de Marsac trouvèrent que Rodolphe était bien rapide dans ses rêves de bonheur, mais madame de Marsac rappela à son mari qu'il s'était marié après une pareille rencontre. On appela la jeune fille. Elle avait valsé avec Rodolphe, elle voulait bien être sa femme.

— Tu vois, maman, si tu m'avais empêchée de valser hier, je ne pourrais pas me marier aujourd'hui.

— Ma chère Victoria, tu es une enfant. J'aime à croire que ce n'est pas tout à fait le valseur que tu épouses en monsieur de Villeroy.

— Pourquoi donc l'épouserais-je alors? murmura l'ingénue.

Vraie parole d'ingénue qui ne fut pas redite à Rodolphe. En effet, si Victoria se laissait prendre à la première valse, ne devait-il pas être inquiet pour la seconde?

II

La solitude à deux

Le marquis de Villeroy se maria à la fin de l'hiver. Il aurait bien voulu que la cérémonie se fît sans cérémonie, comme s'il craignît que toutes ses maîtresses abandonnées ne vinssent prier pour lui ; mais mademoiselle Victoria de Marsac voulait montrer victorieusement ses fleurs d'oranger.

— Dieu merci, dit la mère, vous me faites songer au mariage clandestin, à ces femmes qui vont à l'autel en robe de couleur parce que leur vertu en a vu de toutes les couleurs. Ma fille se mariera en plein midi, au maître-autel, sous le grand jeu des orgues.

— Oui, dit Victoria, les artistes de l'Opéra chanteront à ma messe de mariage.

Il fut donc impossible à Rodolphe de cacher son bonheur. Tout le monde le félicita de faire refleurir ses quarante printemps sous les roses de cette jeune fille épanouie.

Mademoiselle Victoria aurait bien voulu courir cette année-là le monde de Trouville et de Bade, mais Rodolphe parvint pourtant à lui faire comprendre que le voile de la jeune fille doit couvrir la jeune femme pendant toute une année. Il l'emmena dans son petit château, près de Versailles, où il avait fait l'essai du bonheur avec la fiancée de son ami Emile ***, avec cette belle Jenny qui était déjà à son troisième essai.

Victoria n'aimait pas beaucoup les bois, ni les promenades rustiques, ni la pêche à la ligne, mais enfin Rodolphe était si amoureux qu'elle se résigna à être heureuse.

Comme Parisis et Monjoyeux, M. de Villeroy était doué du sentiment des arts. Dans ses jeunes années, il avait peint à l'école d'Alfred de Dreux, des tableaux de chasses et de courses. Il aimait les tons clairs et fins de l'école anglaise. Quoiqu'il ne fût pas un savant dessinateur, il donnait au cheval son air de tête et son allure, à ce point que dans ses tableaux on reconnaissait tout de suite la race de la bête.

Il conduisit souvent sa jeune femme au musée de Versailles. Ce fut d'abord pour elle une langue étrangère, mais peu à peu la lumière se fit sous ses yeux. Pendant que son mari admirait les cavalcades, les batailles et les chasses de Louis XIV et de Louis XV, elle se complaisait à étudier les physionomies des femmes de la Cour. Rodolphe, pour l'amuser, lui contait la chronique scandaleuse des maîtresses du roi-soleil, de Philippe d'Orléans et de Louis le Bien-Aimé, depuis Marie de Mancini jusqu'à madame Du Barry.

Comme la jeune mariée voyait alors bien peu de monde, elle fit bientôt sa société intime de mademoiselle de La Vallière, de la marquise de Montespan, de la duchesse de Châteauroux, de madame de Pompadour, de toutes celles qui marquent encore leur étoile au front des deux siècles. La jeune fille était déjà un peu romanesque, la jeune femme le devint beaucoup. De jour en jour elle redescendait dans le passé pour voir de plus près ces figures condamnées à rester plus célèbres que celles des héros et des penseurs. Elle étudiait leurs portraits, elle errait dans le souvenir des fêtes de Versailles, elle pénétrait dans les petits appartements, elle refaisait à sa manière le roman de toutes ces belles affolées. Chaque fois qu'elle revenait de Paris, elle rapportait quelques livres retrouvés qui contaient les royales aventures.

— Ma chère amie, lui dit un jour Rodolphe, toutes ces drôlesses vous feront perdre la tête. Dites-moi, est-ce que vous les enviez ? Si Louis XIV vivait, est-ce que vous voudriez me voir la figure du marquis de Montespan ?

— Oh ! non ! je vous aime trop pour cela, répondit Victoria. Mais enfin, c'est bien amusant d'être la reine de la main gauche, c'est-à-dire la vraie souveraine. Ces pauvres reines de la main droite, elles sont bien peu de chose ! Qu'est-ce que la femme de Louis XIV, du régent et de Louis XV, quand la Montespan, la Parabère ou la Pompadour donnent des ordres ?

— Oui, ma chère, mais songez aux trente-six années que La Vallière a passées aux carmélites ! Songez à la décadence de madame de Montespan ; elle est morte de solitude, comme la Parabère est morte d'abandon, comme la Châteauroux est morte d'humiliation, comme la Pompadour est morte de chagrin, comme la Du Barry est morte de la guillotine !

— Mourir de ceci ou de cela, qu'est-ce que cela fait ? dit Victoria qui se confessait sans le savoir ; le bonheur ne dure pas un siècle ; quand une fois on a saisi son idéal, on a rempli sa vie.

Rodolphe se mordit les lèvres.

— L'idéal d'une femme, dit-il à Victoria en l'embrassant, c'est d'avoir beaucoup d'enfants. Les enfants, voilà les seules ambitions qui ne trompent pas. Gouverner sa maison, c'est encore mieux que de gouverner le monde.

La jeune mariée ne fut pas tout à fait convaincue.

— Peut-être, dit-elle, comme pour rassurer son mari.

Mais cinq minutes après elle lui dit :

— Est-ce que nous n'irons pas aujourd'hui au musée de Versailles ?

Presque toutes les femmes sont ainsi. Elles ne veulent pas s'accoutumer à vivre de la vie qu'on leur fait, la soif de la curiosité les appelle dehors.

Vint l'automne. Victoria trouva que les soirées passaient lentement. Rodolphe était trop savant en l'art de vivre pour amener un ami au coin du feu, il s'escrimait à amuser sa femme par les menues distractions de l'intérieur; mais elle était comme ces lectrices affamées à qui ont présente toujours les mêmes romans. « J'ai lu cela, j'ai lu cela, j'ai lu cela. » La nuit tombait à six heures, avec la nuit l'ennui. On s'était promené, on entrait au salon, on tisonnait, on allait au piano, on retournait le journal, on tisonnait encore. Victoire trouvait que le dîner était trop long et trop court. Et la soirée! encore le piano, toujours le piano! Rodolphe se rappelait avec effroi l'année amoureuse qu'il avait passée avec la belle Écossaise.

— Eh bien! non, se dit-il un soir, ce n'est pas assez d'un homme pour amuser une femme, si c'est une femme. Il n'y a que les poupées et les anges dont on puisse avoir raison.

On retourna à Paris.

Un matin, Villeroy rencontra Monjoyeux :

— Eh bien ! nous sommes heureux ? lui dit-il.

— Chut ! s'écria Monjoyeux, le malheur nous oublie. S'il allait vous entendre !

III

La seconde valse de Victoria

Victoria, comme ces fleurs des tropiques, s'était peu à peu refermée à l'ombre des bois de Jouy depuis les brouillards de novembre. Le soleil de Paris lui redonna la force et l'éclat de la vie.

Rodolphe n'eut pas la cruauté de la retenir chez elle.

Il lui permit les soirées intimes, les fêtes, les bals officiels, disant cette parole d'un sceptique :

— Quand on permet à sa femme d'aller à la messe, on peut bien lui permettre d'aller partout.

Rodolphe avait moissonné quelques passions à la Madeleine et à Saint-Philippe-du-Roule.

Il avait pourtant fait promettre à sa femme qu'elle ne valserait qu'avec lui. Elle avait bien voulu comprendre que les étreintes de la valse, quand la femme n'est pour ainsi dire vêtue qu'à partir de la ceinture, sont déjà les étreintes de l'adultère.

Mais un jour elle oublia sa promesse. Pendant que Rodolphe causait politique avec un ambassadeur et un député, pendant qu'il s'effrayait de l'invasion des barbares, le député, qui était tout aussi diplomate que lui, lui dit gaiement :

— Que voulez-vous, mon cher, il faut qu'ici-bas tout le monde ait sa part du gâteau. Voyez là-bas cette jeune femme qui valse, croyez-vous que son mari la touchera de plus près cette nuit?

— C'est ma femme, dit bravement Rodolphe, en cachant sa colère subite par un sourire railleur.

— Après cela, dit bravement le député, ce qui tombe dans le fossé, c'est pour le soldat.

— Honni soit qui mal y pense, dit l'ambassadeur. Rodolphe a été le plus beau valseur de son temps, il faut bien que sa femme apprenne aux autres à valser.

— Ces jeunes femmes! murmura Rodolphe, elles ne savent pas ce qu'elles font; mais quand ma femme aura trente ans comme la vôtre, je lui défendrai de valser.

Le mari se défendait comme il pouvait. Il aurait voulu foudroyer sa femme et le valseur.

— C'est le prince Rio, dit le député. Prenez garde à vous, Rodolphe, il a déjà fait quelques dégâts dans le monde. Les maris devraient se constituer son conseil judiciaire.

Rodolphe avait toujours le dernier mot, mais il ne trouvait plus de réplique. Sa vie était son amour, son amour était sa vie. Il aimait Victoria avec toutes les aspirations de la première jeunesse, il n'avait plus de famille, il ne croyait plus à l'amitié, tout son horizon était éclairé par les yeux de sa jeune femme.

Cependant le député débitait sur la valse quelques aphorismes comme ceux-ci :

*** *L'amour est l'échange de deux contre-anses et le contact de deux valses.*

*** *Les femmes pardonnent à la valse ce qu'elles n'auraient pas permis à la danse.*

*** *Une femme jalouse doit examiner son amant après qu'il a valsé avec une autre.*

Rodolphe, qui n'écoutait guère, alla droit à sa femme et il lui dit en masquant mal sa jalousie furieuse.

— Victoria, nous allons partir.

— Partir ! Dieu merci ! il est à peine minuit, le bal va commencer ! J'ai promis trois quadrilles, voulez-vous que je manque à ma parole ?

— N'avez-vous pas promis trois valses aussi ?

— Ah ! je comprends, voilà ce qui vous offusque. Que voulez-vous, Rodolphe, je me suis laissé entraîner à la valse croyant que j'allais danser. Et puis, comment refuser cela au prince !

— Victoria, partons ! dit Rodolphe plus furieux encore.

Il présenta son bras d'un air impérieux, mais c'était déjà la femme révoltée qui suivait son mari.

La première valse avait décidé de son mariage, la seconde devait décider de sa vertu.

Quand Villeroy fut rentré il redevint gracieux, souriant, spirituel. Victoria se laissa cajoler et elle lui permit de la décoiffer, de prendre une à une les fleurs de ses cheveux, de baiser les boucles plus embaumées que jamais, mais le grain de révolte germait déjà dans le cœur. Une femme n'a jamais pardonné à celui qui l'a arrachée du bal avant l'heure. Les maris ne savent pas qu'une femme qui s'amuse dans un salon y prend racine par toutes les joies de son cœur. Aussi Rodolphe avait beau caresser Victoria par des regards idolâtres et des paroles amoureuses, elle se sentait toujours au milieu de ce bal où elle avait valsé avec le prince. Elle embrassait Rodolphe, mais c'était par habitude.

— Tes lèvres sont distraites, dit-il tout à coup. Tu ne m'aimes plus.

— Moi ! dit-elle comme un oiseau qui chante sa chanson, je ne t'ai jamais tant aimé !

C'était le mensonge qui se posait effrontément sur les lèvres de la jeune femme. En disant ces mots elle pensait au prince. Les étreintes de Rodolphe lui rappelaient les étreintes du valseur. La femme adultère perçait déjà. L'âme avait commis le péché, le corps ne devait pas se défendre.

Au milieu de la nuit, après avoir dormi une heure, elle se réveilla toute nue dans les embrassements du prince. C'était un rêve. Elle se tourna vers son mari et elle l'embrassa.

Elle sentit des larmes.

— Tu pleures ! lui dit-elle.

— Non, lui répondit-il.

Rodolphe ne s'imaginait pas que ce baiser fût un odieux alliage. Il prit la tête de Victoria dans ses mains et la baisa avec transport.

— Je pleure de joie, reprit-il. Si tu savais comme je t'aime !

— Eh bien ! dormons.

Ce fut tout ce que trouva Victoria avant de se retourner de l'autre côté.

Plus d'un galant homme a passé par là. Combien qui ont ainsi donné leur nom et leur vie à une femme qui n'avait pris un mari que comme on prend un joujou sérieux. Rodolphe s'était imaginé qu'il trouverait en sa femme le sacré refuge, le rivage espéré, la joie des yeux et la joie du cœur, l'âme de la maison. Il se réveillait, il ne trouvait que la ruine autour de lui. Victoria avait d'une main cruelle effeuillé les dernières illusions, comme ces enfants qui cueillent des roses pour les jeter au vent.

Rodolphe, en homme expérimenté, avait peur du lendemain. Il s'apercevait depuis quelque temps déjà qu'il avait mis la main sur une femme affamée de distractions ou affamée de romanesque. Il aurait beau la contenir, les mauvais jours viendraient où le fleuve sort de son lit. La destinée de Victoria était d'aller au plaisir, elle suivrait sa destinée coûte que coûte, sans souci de sa mère, sans souci de son mari. Il lui faudrait veiller sans cesse et être tous les jours en guerre.

Cette nuit-là il s'arrêta à ce dessein qui lui paraissait le plus sage : métamorphoser un peu cette âme curieuse par l'exemple de la charité, de la résignation, de la douceur, de toutes les vertus de la femme. Il éloignerait d'elle toutes les mondaines, toutes ces belles perverses qu'on rencontre dans toutes les avenues du monde parisien, toutes ces spirituelles désœuvrées qui pèchent sans le savoir, tant elles sont habituées au péché.

Mais où les trouver ces femmes austères qui sont pour les autres le cordial de l'âme? Rodolphe craignait d'être comme ces médecins qui veulent, par de fortes nourritures, changer le sang de leurs malades qui n'ont plus d'estomac que pour les gâteaux et les confitures.

On n'est pas impunément un mari. Rodolphe se crut plus infaillible que les autres. Il se rassura en disant qu'un homme comme lui n'était jamais trahi. Sa femme était légère comme tant d'autres, mais comme tant d'autres aussi elle se contenterait sans doute des coquetteries de l'éventail et des curiosités de la causerie. Il finit par s'endormir après avoir chassé tous les fantômes de la jalousie.

Il se réveilla lui aussi par un rêve. Il se retrouvait au bal, il cherchait sa femme, tout le monde lui disait : Le prince Rio est parti. Il courait à l'escalier, il voyait sa femme au bras du prince, il voulait les suivre, mais ils montaient tous les deux en voiture avant qu'il n'ait pu les joindre, empêché qu'il était par le flot des invités.

Enfin il s'élançait, il dépassait les chevaux, il forçait le cocher d'arrêter court, il ouvrait la portière et il frappait l'homme et la femme à coups de poignard.

— Songes ne sont que mensonges, murmura-t-il.

— Qui sait ? dit Victoria qui ne dormait pas depuis son rêve.

IV

L'enfer de la jalousie

Pendant tout le mois de janvier Rodolphe conduisit Victoria dans le monde, presque tous les soirs, même quand on allait aux Italiens.

Il avait repris sa sérénité, sa femme le payait de reconnaissance, il croyait qu'elle le payait d'amour.

Il espérait bien n'être pas toujours ministre en disponibilité.

On lui avait promis Washington, Rio ou Athènes. Il ne demandait qu'à quitter ce Paris si adorable pour les amoureux et si fâcheux pour les maris.

Il était d'ailleurs très rassuré sur le caractère de sa femme.

— Tête légère, cœur d'or, disait-il à la mère de Victoria.

On parlait beaucoup dans le monde de la jeune femme. Le vicomte de Létorières et la baronne de Sparre décrivaient partout ses toilettes toujours originales quoique toujours du meilleur style. Les plus grandes dames avaient imité ses coiffures et ses nœuds. C'était le plus beau jeu de diamants, de fleurs et de rubans.

Rodolphe, depuis son mariage, habitait l'avenue des Champs-Élysées, au coin de la rue d'Albe ; aussi le rencontrait-on souvent sous les marronniers ou sous les ormes du chemin de Corinthe.

Un matin qu'il était sorti de bonne heure, il fut quelque peu surpris de ne pas retrouver sa femme à l'heure du déjeuner. La femme de chambre lui dit que madame était sortie pour acheter des fleurs. C'était le jour du marché de la Madeleine. Rodolphe, sans trop d'impatience, redescendit pour aller à la rencontre de Victoria.

Le matin les Champs-Élysées sont déserts. On peut se promener hardiment, quand on veut se cacher, entre le Cirque et l'Alcazar, butinant du regard dans les massifs sans crainte de rencontrer un ami. Les gens du monde ne connaissent les Champs-Élysées qu'à cheval ou en voiture, hormis à l'heure de la promenade. Et encore abandonnent-ils les jardins anglais aux enfants, car ils n'aspirent qu'au mouvement, au bruit et à la poussière.

Rodolphe suivait la ligne de bitume du côté du palais de l'Industrie. Il marchait lentement, comme un homme qui attend l'heure du rendez-vous. Pourquoi traversa-t-il l'avenue ? Pourquoi promena-t-il un regard curieux vers l'Élysée, dans cette adorable avenue Gabriel qui est la voie sacrée des amoureux.

Pourquoi reconnut-il de si loin le coupé du prince Rio ?

Cette fois il prit le pas rapide d'un homme qui a peur d'arriver trop tard au rendez-vous.

— C'est étrange, dit-il, le coupé marche au pas, il n'y a personne dedans.

Jusque-là il n'avait eu que de vagues pressentiments, mais il ne douta plus de son malheur.

Il dévora l'espace, à droite, à gauche, convaincu qu'il allait trouver sa femme, en promenade matinale, — en conversation criminelle, — avec son valseur.

C'était par une de ces belles matinées qui sont si savoureuses sous les grands arbres, devant les massifs de roses. On n'entendait que des bruits harmonieux, les oiseaux n'avaient pas fini leurs aubades, une chanson de fillette courait dans le lointain, des comédiennes des Folies-Marigny caquetaient devant le théâtre : c'était l'heure de la répétition.

Rodolphe ne comprenait rien à cette fête de toutes choses.

— Où sont-ils donc? où sont-ils donc? répétait-il avec anxiété.

Le coupé du prince allait et venait toujours.

Le marquis regardait le pavillon du restaurateur et le pavillon du café en se demandant s'il était possible que le prince eût osé conduire là sa femme, — s'il était possible que sa femme eût osé s'aventurer jusque-là.

Le valet de pied du prince se promenait comme lui, trois fois déjà il l'avait rencontré. Il s'arrêta pour lui parler, mais il passa outre en se disant :

— Qui sait, après tout, si le prince n'est pas venu avec une de ces comédiennes qui sont là-bas?

Il en connaissait une, la Taciturne, qui jouait alors un rôle de femme du monde pour se reposer.

Dans l'histoire authentique de *Mademoiselle Cléopâtre,* j'ai mis en scène cette grue accomplie qui ne disait jamais que quatre phrases et qui passait pour une femme d'esprit. On s'est convaincu que ceci n'était pas une invention : la dame existe et n'a pas encore changé de répertoire. Je dois reconnaître qu'elle est jolie : n'est-ce pas le premier mot d'esprit d'une femme que d'avoir de la figure? Je demande la permission de vous présenter une seconde fois la Taciturne qui vous répondra toujours, quelle que soit votre question, par ceci :

— J'en accepte l'augure.

Ou cela :

— Question d'argent.

Ou encore :

— Ni oui ni non.

Ou enfin :

— Je suis désarmée.

Je vous défie, — si vous la rencontrez « dans le monde, » à Bade, chez Laborde, au Café Anglais, à la Maison d'Or, au Lac, à Longchamps ou autres salons de la haute aristocratie, de lui arracher une autre parole. Elle n'a qu'une grammaire — et elle parle toujours bien.

Rodolphe alla vers elle. Elle se promenait poétiquement comme une élégie en songeant qu'elle avait un procès ce jour-là avec sa blanchisseuse.

— Dis-moi, ma chère, est-ce que tu as vu le prince Rio dans ces parages ?

Elle répondit imperturbablement :

— Ni oui ni non.

Rodolphe frappa du pied.

— Allons, te voilà encore avec tes réponses connues.

— Je ne suis pas si bête que tu en as l'air ! Si je dis ni oui ni non, c'est que je sais bien ce que je dis.

Rodolphe eut peur de comprendre.

— Tu veux dire qu'il est ici avec une femme.

— Est-ce que tu as perdu la tienne ? *J'en accepte l'augure.* Depuis que tu es marié, nous sommes veuves.

— Pourquoi joues-tu la comédie ?

— *Question d'argent.*

— Dis-moi la vérité : le prince Rio est ici avec une femme ?

— Oui, mon cher, le prince est ici avec une femme, mais je ne sais pas où il est passé.

— Est-ce que tu connais cette femme ?

— *Ni oui ni non :* une femme en noir avec un voile.

Et comme la Taciturne n'oubliait jamais de placer les mots de sa fabrique, elle ajouta :

— Quand je vois cela, *je suis désarmée.*

Cette fois, le marquis alla droit au pavillon du restaurateur. Il se rappela que déjà l'avant-veille sa femme lui avait dit d'un air peu convaincu qu'elle déjeunerait chez sa mère.

Il prononça le nom du prince Rio à la femme du comptoir, comme s'il fût attendu pour déjeuner avec lui.

— Le prince Rio, je le connais bien. Il n'est pas venu aujourd'hui.

— Il est venu avant-hier?

— Oui, si je me souviens bien.

— Avec une dame?

— Une dame ou une demoiselle.

— Pourquoi une dame ou une demoiselle?

— C'est qu'on ne sait jamais si ces femmes-là sont mariées.

— Vous la connaissez, celle qui est venue?

— Non, je sais qu'il l'appelait la Madone.

En sortant, le marquis se demandait si sa femme avait l'air d'une vierge.

Il alla rôder autour du café. Il ne lui fallut pas entrer pour voir si les amoureux y étaient. Il y avait quelques désœuvrés assis devant les fenêtres; mais comme toutes les fenêtres étaient ouvertes, on voyait bien qu'on ne se cachait pas là.

Dans son aveuglement, Rodolphe était sur le point d'aller interroger le valet de pied du prince, quand il vit s'ouvrir une petite porte sur un des jardins de l'avenue Gabriel.

Qui allait sortir par là?

Une jeune femme vêtue de noir et voilée comme l'avait dit la Taciturne.

— C'est elle! murmura Rodolphe en se masquant derrière un des derniers ormes plantés par le duc d'Antin.

— C'est elle! dit-il encore.

Il se contint pour ne pas aller la foudroyer. Il attendit patiemment pour voir sortir le prince à son tour.

Le prince ne sortait pas, mais il n'était pas douteux qu'il fût dans le jardin caché par les massifs de lauriers. Déjà en voyant sortir la dame, le valet de pied s'était rapproché du coupé, comprenant que son maître allait apparaître à son tour.

La jeune femme marchait sur la pointe des pieds comme si elle eût craint de faire du bruit. Elle marchait vite, sans se retourner. Elle remonta l'avenue Gabriel jusqu'à l'avenue de Marigny.

Elle ne s'arrêta pas pour voir Guignol, qui commençait sa comédie, elle passa devant le

Cirque par les méandres pour aboutir à la première des quatre fontaines.

Rodolphe était resté à son observatoire masqué par l'orme presque deux fois séculaire.

Enfin le prince Rio sortit. Il n'était pas voilé, lui, il était resplendissant. Il semblait que la terre ne fût plus digne de le porter. Il marcha solennellement vers sa voiture en homme content de lui.

Le marquis s'était enfin déraciné.

Il alla droit au prince tout en arrachant son gant.

D'où vient que tout à coup il s'arrêta, réfléchit et rebroussa chemin?

Certes ce n'était pas le courage qui s'évanouissait en lui. Il avait prouvé vingt fois qu'il ne redoutait ni l'épée ni le pistolet, quel que fût l'adversaire.

C'est que son amour fut plus fort que sa colère. Il ne voulait pas jeter sa coupe à la mer, il ne voulait pas briser le verre de pur cristal où il buvait le bonheur. Il ne voulait pas se réveiller tout à fait pour voir s'évanouir son rêve.

— Non, dit-il tristement, je l'aime trop pour la perdre.

Le prince Rio monta dans son coupé, les chevaux partirent au grand trot. Rodolphe retourna chez lui, marchant tour à tour à grands pas et à pas lents, tantôt regrettant de n'avoir pas souffleté le prince avec son gant, tantôt s'accusant de n'avoir pas assez veillé sur son bonheur.

Il rentra. Victoria l'attendait dans la salle à manger, dans le calme souriant de l'innocence. Toutes les femmes sont nées pour jouer la comédie de l'amour.

Celle-ci écorniflait une mandarine en chantonnant un air d'Offenbach.

— J'ai failli attendre, dit-elle en voyant arriver son mari.

Il ne la regarda pas. Il vit luire un couteau sur la table, il faillit s'élancer vers elle pour l'assassiner.

Il avait saisi le couteau malgré lui, mais il se contint.

— Et moi aussi, dit-il en souriant, j'ai failli attendre. Voilà pourquoi j'étais allé rêver sous les grands marronniers.

— Pourquoi jouez-vous avec ce couteau-là, mon cher Rodolphe ?

— Ma chère Victoria, c'est que je meurs de faim. Je sens que nous allons déjeuner comme des gourmands.

— Et comme des amoureux, ajouta Victoria, qui n'avait jamais été plus belle et qui n'avait jamais eu plus de charme dans les yeux..

Elle vint vers son mari, elle prit son couteau et elle pencha doucement la tête sous ses lèvres.

Il se passa une seconde, un siècle, avant que Rodolphe ne touchât sa femme des lèvres. Il cherchait la place.

Il se demandait si le prince ne l'avait pas embrassée partout, sur les yeux, sur les cheveux, sur la bouche, sous les oreilles.

Il l'embrassa sur les joues.

— Voilà un baiser fraternel ! lui dit-elle en se dégageant. Sur les joues ! Tu ne m'as jamais embrassée sur les joues, Rodolphe ?

— C'est pour changer, dit-il.

Et il se mit à table.

Il fut doux, il fut spirituel, il fut charmant.

Au dessert, quand le valet de chambre fut sorti, Victoria se rapprocha de Rodolphe.

— Comme tu es gentil aujourd'hui, lui dit-elle avec des yeux amoureux; il faut que je boive dans ton verre.

Elle prit le verre de Rodolphe et le vida d'un trait.

— Comme elle est jolie, pensait Rodolphe en la regardant; il y a du Dieu et du démon dans cette femme. C'est le bien et le mal brouillés ensemble.

Victoria se rapprocha encore de son mari. Elle se pencha sur lui comme si elle fût à moitié ivre de vin et de volupté.

— Mais sur quelle herbe as-tu donc marché ce matin, ma chère Victoria? Je ne t'ai jamais vue si tendre.

Elle le regarda avec des yeux mourants.

— C'est que je ne me connaissais pas.

Le domestique rentra pour servir le café.

— Je ne prendrai pas de café, dit la jeune femme.

— Pourquoi?

— Parce que cela me réveillerait.

— Tu te figures donc que tu es endormie?

— Non, mais je veux aller me coucher pour dormir une heure. Je te permets de venir fumer un cigare dans ma chambre.

On peindrait mal toutes les émotions qui passaient dans le cœur et dans l'esprit de Rodolphe.

— Est-ce possible, disait-il, que se soit la femme telle que Dieu l'a faite ?

Il avait trompé bien des maris, mais il s'était toujours bercé dans cette illusion que les femmes qu'il prenait ne retombaient plus pâmées d'amour dans les bras de leurs maris.

Victoria était-elle coupable ? Coupable jusqu'à la dernière limite ? N'avait-elle été à ce rendez-vous que comme une enfant joueuse qui joue avec l'amoureux comme elle a joué avec la poupée ? Ce n'était peut-être qu'une simple promenade sentimentale dans ce parc d'un des amis du prince ? Et cependant le prince n'était pas un platonicien ! Il ne se payait pas de l'or de l'âme, il lui fallait la menue monnaie du corps.

Le mari eut l'horrible courage d'aller plus loin dans sa curiosité. Il voulait étudier la femme sur sa femme.

Il alluma un cigare et il la suivit dans sa chambre.

— Non, lui dit-elle, tu viendras tout à l'heure, quand je serai couchée. Passe un instant dans ton cabinet.

— Je comprends, lui dit-il en contenant à peine sa fureur toujours apaisée et toujours renaissante.

Il entra résolûment dans la chambre de sa femme.

Mais la femme n'est jamais prise au dépourvu. Victoria sonna :

— Louise, venez avec moi par là pour me décoiffer.

— Je te jure, ma chère, dit Rodolphe, que tu n'avais pas besoin de ta femme de chambre.

Mais le cabinet de toilette était déjà fermé au verrou.

— Pourquoi, dit Rodolphe qui s'affermissait dans ce rôle terrible que lui imposait son amour, pourquoi vouloir perdre jusqu'à la dernière illusion? Si elle est coupable, elle m'aime encore, elle m'aime peut-être plus qu'elle ne m'a aimé, puisqu'elle se jette dans mes bras. Si elle n'est pas coupable, tout est sauvé.

Et avec un soupir :

— Et si elle est coupable, tout n'est pas perdu.

Il se déchirait le cœur sous ses ongles. Il voulait se lever et s'enfuir, il songeait à enfoncer la porte du cabinet de toilette.

Tout à coup la jeune femme reparut tout éblouissante sous ses cheveux d'or dénoués, presque flottants. Elle n'était vêtue que d'une adorable chemise de nuit presque transparente qui modelait son beau corps, avec la molle volupté du ciseau de Clésinger.

Rodolphe s'était levé avec un sentiment de colère et d'admiration. Il fit un pas vers elle, elle fit un pas vers lui. Ils s'embrassèrent.

Ce fut une étreinte terrible.

— Oh ! Rodolphe, tu m'étouffes !

— C'est la force de ma passion !

Elle se coucha.

La femme de chambre sortait du cabinet de toilette.

— Louise, apportez-moi la robe noire de la marquise.

— Tu deviens fou, dit Victoria.

— Non, ma chère Victoria. Tu vas voir. C'est un maléfice pour que notre amour dure éternellement.

Louise avait obéi.

Rodolphe jeta d'un coup de pied la robe dans l'âtre, il alluma une allumette et la jeta sur la soie.

— Rodolphe, je ne te comprends pas. Est-ce que tu vas brûler ma robe ?

— Tu vas voir ! tu vas voir !

La robe s'était enflammée.

— Tu vas mettre le feu !

— Non, ne t'inquiète pas, c'est un feu de joie.

— Et après un silence : Louise, apportez-moi la chemise de madame.

Rodolphe s'était approché du lit pour empêcher Victoria d'en descendre. Il lui fit les caresses les plus amoureuses.

— Tu vas voir, mon adorée. Tu ne connais donc pas la légende ? Je te conterai cela.

Louise avait obéi une seconde fois, elle revint avec la chemise.

— Jetez-moi cela au feu, dit Rodolphe.

— Pourquoi ne brûles-tu pas aussi mes bottines, dit Victoire en essayant de sourire.

— C'est inutile, elles te brûleront les pieds si jamais tu les chausses.

Elle sembla ne pas comprendre. Elle embrassa Rodolphe et lui cacha la tête dans son sein.

— Rodolphe, je t'aime ! Pourquoi ces larmes ?

— Des larmes ! dit Rodolphe, ce sont des larmes de joie.

V

Comment cela finira-t-il

Comment Rodolphe sera-t-il jugé s'il y a encore des juges à Berlin ?

« Un homme sans cœur, » diront les cocus sans le savoir.

On pourrait répondre que c'est parce qu'il avait l'amour dans le cœur. « Un lâche, » diront les gens à rebrousse-poil. Ils se tromperont, puisque Rodolphe avait plus de peine à se contenir, qu'il n'aurait eu de plaisir à jeter son gant. « Un fou, » diront les sages, ceux-là qui passent à côté des passions comme les voyageurs se détournent de la forêt. « Un sot, » diront les hommes d'esprit, sans s'apercevoir que Rodolphe faisait là le travail d'un homme d'esprit.

Quel que soit le jugement, il frappera le mari, par la raison toute simple qu'un mari a toujours tort et aura toujours tort jusqu'au jour où le divorce, qui est encore inscrit au Code Napoléon, ne sera plus sous le séquestre des timidités politiques.

Mais si Rodolphe n'avait pas l'opinion pour lui, il marchait droit dans son idée : reconquérir une femme qu'il adorait.

Par malheur, Victoria n'était sans doute pas de ces femmes qui se repentent à leur premier crime. Ni le sentiment de la famille, ni la dignité de la maison, ni la crainte de Dieu, ne l'inspiraient dans cette action. Elle vivait au jour le jour, enivrée par ses curiosités, affamée de nouveau et d'imprévu, ne pouvant plus respirer que dans l'atmosphère de l'adoration.

Les hommes trahis sont tous dominés par la même bêtise. Ils éprouvent un douloureux plaisir à faire le tour de leur malheur. Ils prennent la lanterne de Diogène pour chercher l'homme; il faut que la lumière se fasse. Ils posent tout autour d'eux des points d'interrogation ; ils iraient volontiers jusqu'à la lune pour lui demander ce qu'elle a vu.

L'homme est ainsi fait, qu'il ne se contente jamais du dessus du panier, pour le bonheur comme pour le malheur. Il n'a jamais l'art de rejeter la coupe à temps. Il lui faut boire la lie jusqu'à la dernière goutte.

Pendant quelques jours, le marquis de Villeroy tomba dans cette bêtise commune à tous les hommes. Il épia sa femme, il la suivit, il voulut la voir jusqu'en ses trahisons. Horrible comédie où chaque mot le souffletait.

Trois fois il suivit sa femme, trois fois elle retourna avenue Gabriel — pour entrer par la petite porte du jardin où le prince l'attendait — et pour ne sortir qu'une heure après.

Rodolphe avait brûlé la robe noire, mais elle allait au rendez-vous en robes de toutes les couleurs, et jamais ce ne fut pour elle la robe de Nessus.

Quel auto-da-fé s'il fallait brûler toutes les robes adultères !

— Pour cette fois, disait chaque fois

Rodolphe, c'en est trop, je ne rentrerai pas chez moi, car je sens que je tuerais Victoria.

Mais il rentrait. Et Victoria était toujours plus charmante. Et il se laissait désarmer.

Il n'était pas toujours bien fortifié dans son système. Il avait des défaillances, il voulait ouvrir son cœur et dire à sa femme : « Je te pardonne les fautes d'hier, mais je ne te pardonnerai pas les fautes de demain. »

— Non! s'écriait-il. Si je m'avoue humilié je ne suis plus un homme à ses yeux. Jusqu'ici, elle n'a pas le droit de me regarder au-dessous d'elle.

Il savait trop le cœur humain, il savait trop qu'une femme ne se prend jamais, ou ne se reprend jamais à un mari qui l'a surprise avec un amant. La femme ne pardonne pas à un homme de l'aimer encore, s'il sait qu'elle le trahit. Elle ne pardonne même pas le cocu imaginaire. Il y a tant de nuances dans l'amour et dans le péché !

Rodolphe aurait bien voulu casser la tête au prince. Mais c'était le scandale et l'écho en serait revenu jusque chez lui. Ce qu'il n'avouait pas sur l'oreiller, il le disait tout haut au public. Il lui fallait donc passer calme devant son rival, mais il se promettait une vengeance digne des dieux.

Jusque-là, on ne disait encore rien des amours du prince et de sa femme. Comme on le savait brave, comme il avait eu beaucoup de bonnes fortunes parmi les femmes du monde, on ne pouvait pas s'imaginer qu'il fût trahi à son tour. Si on disait que le prince était très assidu auprès de sa femme, il se trouvait toujours quelqu'un pour répondre que Rodolphe était trop clairvoyant pour être trompé.

— C'est un vieux loup de mer, disait une femme d'esprit, il traversera toutes les tempêtes sans faire naufrage. Il brave si bien le danger, qu'il place lui-même l'éventail dans les mains de sa femme.

Si on parlait au prince Rio de madame de Villeroy, il souriait amoureusement, mais il disait à voix haute :

— C'est une vertu d'eau de roche.

Rodolphe s'indignait de la tranquillité de Victoria à s'en aller, en pleine matinée, à ses rendez-vous. Si un curieux de son monde s'avisait de la suivre ? Si un autre la voyait entrer par cette petite porte du jardin? Si on remarquait que la voiture du prince se promenait trop souvent dans l'avenue? Si les domestiques, qui sont aussi un journal, se faisaient écouter de l'antichambre dans le salon?

Mais la grande ville est si affairée! Qui donc a une heure à perdre le matin! Qui donc a le temps d'écouter encore aux portes! Aujourd'hui oublie hier, demain ne se souviendra plus d'aujourd'hui.

Rodolphe essayait de se convaincre que la femme n'est pas coupable devant l'opinion tant que le mari fait bonne figure.

Il ne cachait pas toujours ses inquiétudes à Victoria. Il lui dit un jour :

— Ma chère Victoria, vous sortez toujours le matin comme une petite folle, on vous rencontre dans les Champs-Élysées, comme une actrice des Folies-Marigny. Je sais bien que vous allez chez votre mère, mais enfin vous ne l'écrivez pas sur votre chapeau...

— Qui vous a dit cela? lui demanda la jeune femme sans s'émouvoir le moins du monde.

— Je ne sais plus qui. Au Bois, l'autre jour,

on m'a dit : « J'ai rencontré ce matin votre femme avenue Gabriel. »

— Voudriez-vous qu'on me rencontrât au sermon, comme madame de Néers? dit Victoria d'un air impertinent, comme si elle jugeât l'autre du haut de sa vertu.

Et après un silence :

— Comment voulez-vous que j'aille chez ma mère? Faut-il donc que je fasse atteler pour aller rue Boissy d'Anglas? Faut-il que je prenne l'omnibus à côté de mon valet de pied qui va me chercher des fleurs à la Madeleine, ou de ma cuisinière qui va chez Chevet?

— Vous avez raison, murmura le mari, vous savez que je ne suis pas jaloux.

— Je sais que vous avez trop d'esprit pour cela. Voilà pourquoi je vous aime bien plus encore.

Et Victoria vint avec sa belle nonchalance poser ses deux mains sur les épaules de son mari. Jamais femme ne s'appuya plus amoureusement sur un homme, jamais regard plus voluptueux n'alla cueillir le regard de l'homme aimé.

Le marquis de Villeroy arrêta un soupir pour pencher ses lèvres sur les cheveux de sa femme.

— Mords mes cheveux, lui dit-elle. Tu sais, cela me donne des frissons.

Le mari se demandait s'il était possible qu'il eût pénétré jusqu'à ce cercle de l'enfer où on cherche les voluptés de l'angoisse. Cette femme lui donnait la mort et la vie en même temps. Elle le remuait jusque dans les abîmes de son cœur.

— Comment cela finira-t-il?

C'était sa question de tous les instants.

VI

L'hôtel du Plaisir-Mesdames

Madame de Villeroy n'était pas au bout de ses pérégrinations.

Un jour que Rodolphe revenait du parc Monceaux en traversant Beaujon, il reconnut sa femme qui montait la rue Lord Byron. Elle était en face de la maison gothique habitée tour à tour par Béranger et Lamennais, — ce n'est pas l'habit qui fait le moine. — Ce fut précisément parce qu'elle regardait cette maison, sans s'arrêter toutefois, qu'elle ne vit pas son mari. Il se jeta sous la porte cochère du n° 13 et il attendit avec quelque impatience, quoiqu'elle marchât bien vite.

Quelle ne fut pas sa surprise, quand il la vit s'avancer tout droit vers le célèbre *hôtel du Plaisir-Mesdames*. Arrivée devant l'hôtel Hamilton, à l'angle des deux rues, elle détourna la tête pour jeter un regard rapide autour d'elle. Elle vit quelques figures anglaises ou américaines, elle ne reconnut pas un seul Parisien, aussi sonna-t-elle à la grille du petit hôtel avec la plus belle sérénité du monde.

Un petit négrillon vint ouvrir. Elle passa sans lui dire un mot, comme si elle fût attendue.

Le négrillon, contre son habitude, sortit pour un instant comme s'il était bien aise de prendre l'air. Rodolphe, qui avait toutes les peines du monde à se contenir, alla droit à lui.

— Qui donc habite cet hôtel ? lui demanda-t-il.

Mais le négrillon lui répondit, en lui baragouinant le français de l'Académie de Tombouctou. Le marquis ne comprit pas du tout. Vainement montra-t-il deux louis au négrillon qui sourit d'un air dédaigneux tout en lui montrant une pièce de cent sous en argent. Il rentra et il ferma la grille au nez de Rodolphe.

Les volets de la grille masquaient le jardinet et le rez-de-chaussée de l'hôtel. Rodolphe entendit fermer la porte du vestibule.

Il sonna. Au bout d'une minute le petit négrillon reparut et entr'ouvrit un des volets. Quand il reconnut que c'était le monsieur aux deux louis, il referma le volet et s'en retourna en sifflant le ranz des vaches de Tombouctou.

Quelle que fût la colère du marquis de Villeroy, il ne pouvait rien contre la grille massive, à moins de l'escalader. Mais il avait trop l'habitude de la diplomatie pour se donner en spectacle.

Il retourna sous la porte cochère pour attendre que sa femme sortît. Il ruminait tous les souvenirs de ses causeries avec ses amis sur l'*hôtel du Plaisir-Mesdames*. Que se passait-il donc là ? Comment ne parvenait-on pas à pénétrer ce mystère.

La portière du n° 13, inquiète de voir à mi-chemin de sa loge un étranger qui ne se décidait ni à entrer ni à s'en aller, lui vint demander s'il demandait quelqu'un ou s'il cherchait un appartement.

— Je voudrais, lui répondit-il, louer le petit hôtel qui est presque en face.

— Oui, mais il n'est pas à louer.

— Qui donc demeure là ?

— On n'en a jamais rien su. Il paraît qu'il a été loué par une Norvégienne, une grande femme blanche toute mystérieuse, qui va et qui vient, qui arrive et qui part sans se fixer jamais.

— Comment, vous ne savez pas mieux que cela ce qui se passe dans votre quartier ?

— Voyez-vous, monsieur, à Beaujon, il n'y a pas de concierges. Je suis seule sur la montagne, voilà pourquoi on ne dit rien et pourquoi on ne sait rien. C'est un pays perdu. Après cela, depuis qu'on lit *le Petit Journal*, on s'inquiète bien moins de ce qui se passe chez soi.

— Enfin, reprit Rodolphe, que peuvent venir faire dans ce petit hôtel plusieurs grandes dames que j'y ai vues entrer ?

— Soyez tranquille, on n'y bat pas la fausse monnaie. Rien ne m'ôtera de l'idée que la dame blanche est une tireuse de cartes ou une magnétiseuse.

Rodolphe jugea que là était la vérité : tireuse de cartes ou magnétiseuse. Seulement, il accorda au second mot un sens très étendu, trop étendu peut-être.

Une demi-heure s'était passée, Rodolphe avait eu le temps de monter et de descendre trois ou quatre fois la rue quand sa femme apparut à la grille.

Pourquoi avança-t-elle la tête avant de sortir le corps ? Pourquoi tourna-t-elle la tête à droite et à gauche comme si elle craignit d'être en pays de connaissance ?

Elle s'aperçut qu'elle était découverte par Rodolphe. Elle courut au devant du danger, il était à vingt pas d'elle. Elle lui fit un adorable signe de main tout en marchant vers lui.

— C'est toi ! quelle bonne fortune pour moi qui allais m'en retourner toute seule.

Rodolphe avait soudainement rejeté son masque inquiet. Il prit sa figure des meilleurs jours et il dit à sa femme de l'air du monde le plus naturel :

— Que diable es-tu venue faire à Beaujon ?

— Ah ! c'est mon secret, monsieur mon mari.

Elle lui prit le bras.

— Il n'y a pas de quoi jouer l'Othello, je suis venue voir une de mes amies.

— Qui donc ?

— Qui donc ? Voilà mon secret, car si tu la connaissais, tu deviendrais éperdûment amoureux d'elle.

Villeroy eut beau questionner sa femme, il ne put lui arracher un mot de plus.

Pendant le dîner, Victoria fut la plus adorable des créatures, avec des caresses dans la voix et dans les yeux.

Dans la soirée, Rodolphe alla voir Monjoyeux.

— Ah ! mon cher, lui dit-il, quand nous n'étions pas mariés, nous ne savions pas quelle main délicate il faut pour garder cet oiseau bleu qui s'appelle la femme. Si on ouvre la main, l'oiseau s'envole ; si on la ferme, l'oiseau crie.

— Il faut ouvrir la main, dit Monjoyeux, l'oiseau s'envole, mais il revient.

Rodolphe reparla de l'*hôtel du Plaisir-Mesdames*.

— En fin de compte, dit-il, qu'est-ce qu'il y a là-dedans ? Paris est un singulier pays où l'on ne sait jamais le fond des choses. Tout le monde parle de cette maison, mais tout le monde a sa légende. Nul ne sait la vérité.

— Que voulez-vous, mon cher, M. de Guilloutet n'est-il pas en sentinelle devant les quatre murs de la vie privée ? Je crois, entre nous, que plusieurs femmes à la mode ont institué là une franc-maçonnerie.

— Êtes-vous bien sûr qu'il n'y ait pas un homme dans le sérail ?

— Ah ! je n'en mettrais pas la main au feu. J'y ai vu entrer ces jours-ci lord Sommerson. Voilà bien le privilége des étrangers : à Paris ils vont partout, même à l'*hôtel du Plaisir-Mesdames*.

Rodolphe n'alla pas ce jour-là plus loin dans ses confidences.

VII

Entre l'arbre et l'écorce

Un matin La Chanterie rencontrant le marquis de Villeroy, dans une promenade à cheval, commit une bévue impardonnable à un homme qui se croyait de la naissance.

— Mon cher marquis, dit-il à Rodolphe, vous me témoignez une trop cordiale amitié pour que je ne vous dise pas que vous devriez bien envoyer le prince Rio à tous les diables.

Rodolphe vit venir le coup. Il ne prévoyait pas qu'il partirait de là. Quoi ! c'était La Chanterie, le mari de la chanoinesse, qui allait lui donner des leçons de savoir-vivre !

Aussi fit-il une jolie parade.

— Ah ! mon pauvre ami, je vois cela d'ici, le prince fait la cour à votre femme..

— Non, ce n'est pas cela, dit La Chanterie, qui croyait que le marquis de Villeroy venait de parler naïvement. C'est à votre femme que le prince fait la cour.

— Eh bien ! reprit Rodolphe, qu'est-ce que cela prouve, sinon que la marquise est jolie et que le prince ne sait pas ce qu'il fait ?

— Oui, mais vous connaissez l'opinion publique.

— L'opinion publique ? Qu'est-ce à dire ? Je lui couperais les oreilles si elle s'avisait de mettre le nez dans mes affaires de ménage.

— Enfin, vous savez, mon cher ami, un homme averti en vaut deux.

Le marquis le prit sur un ton plus haut.

— Je vous avoue, mon cher monsieur de La Chanterie, que je ne comprends pas un mot à tout ce que vous me dites.

— Moi, je ne dis rien ! seulement, dans mon estime pour vous, je suis fâché qu'on dise quelque chose.

Le marquis arrêta son cheval tout court et se tourna vers La Chanterie.

— Monsieur, dites-moi tout ce qu'on vous a dit.

La Chanterie fut quelque peu surpris de l'attitude de Rodolphe, mais dans son indignation contre la marquise qui, à peine mariée, jouait sans vergogne l'honneur de son mari, il parla ainsi :

— Ma foi ! mon cher marquis, on m'a dit que le prince Rio était plus ou moins l'amant de votre femme.

— Et qui vous a dit cela ?

— Un camarade du cercle.

— Et vous vous dites mon ami ?

— Oui.

— Eh bien ! monsieur, votre devoir était de démentir cette calomnie en envoyant votre gant à la figure du calomniateur. Puisque vous ne l'avez pas fait vous recevrez mes témoins tout à l'heure.

Le marquis tourna bride, piqua des deux et s'enfonça sous les arbres.

La Chanterie le suivait des yeux comme s'il doutait encore de ce qui venait de se passer.

Il espérait que le mari offensé reviendrait sur

sés pas pour lui tendre la main, mais au bout de cinq minutes, il retourna en toute hâte à Paris pour chercher des témoins.

En route il se ravisa.

— Le marquis a peut-être raison, dit-il, ce n'est pas avec lui que je dois me battre. C'est avec celui qui l'a calomnié, si je suis son ami.

Il se rappela que Villeroy avait toujours été charmant pour lui. Il avait voulu que sa femme reçût la chanoinesse qui n'était pas reçue partout comme une lettre affranchie. Le marquis lui avait arrangé une affaire d'honneur. Un matin Rodolphe s'était mis en campagne pour lui à propos d'une affaire d'argent. En un mot il n'avait eu qu'à se louer de Rodolphe.

Il alla au cercle et y retrouva son camarade qui avait mal parlé de la marquise.

— Je n'ai pas bien compris, hier, ce que tu me disais de madame de Villeroy.

— Pardieu, je disais que c'était une drôlesse abritée par le mariage. Non-seulement elle a le prince pour amant, mais depuis quelques jours elle en a un autre.

— C'est une abominable calomnie ! s'écria La Chanterie. Si tu ne rétractes pas ce que tu viens de dire je t'enverrai des témoins, car je suis l'ami de monsieur de Villeroy.

Celui qui venait d'appeler madame de Villeroy « drôlesse, » répondit en riant :

— Je jure de dire la vérité, toute la vérité, rien que la vérité : madame de Villeroy est une drôlesse.

— Eh bien ! nous nous battrons demain matin.

— Après midi, si cela t'amuse.

Deux heures après, les deux adversaires improvisés et les quatre témoins non moins improvisés partaient pour l'île de Croissy.

C'était un duel au premier sang. On en a parlé à peine. Comme on ne sait jamais bien la vérité, on répandit le bruit que la raison de la querelle était née d'un propos malséant sur mademoiselle Fleur-de-Pêche.

Toutefois, comme La Chanterie porta deux jours son bras en écharpe, le nom de madame de Villeroy courut sur quelques lèvres. La Chanterie passa pour un paladin qui ne veut pas que la femme de son ami soit soupçonnée.

VIII

Où il est question de Molière

Parmi les mille esprits qui sont la lumière de Paris, qui est la lumière du monde, Monjoyeux comptait. Il avait dit son mot sur toutes choses : religion, philosophie, politique, poésie, art, science ; il avait dit son mot sur Dieu, sur l'homme et sur la femme, — la femme, cette énigme que Dieu, le sphinx des sphinx, donne à deviner à l'homme; Monjoyeux se donnait de mauvais conseils à lui-même, il en donnait d'excellents aux autres.

Aussi un matin qu'il était venu voir Villeroy, le marquis ne craignit pas de lui ouvrir tout à fait son cœur.

Monjoyeux lui disait combien il le trouvait

heureux d'avoir rencontré une femme comme Victoria.

— Voyez-vous, mon cher marquis, si le divorce avait encore force de loi, le mariage serait la plus belle institution du monde.

— Oui, la preuve, répondit Rodolphe, c'est que je suis malheureux comme les pierres.

Monjoyeux regarda son ami. Il le trouva plus pâle que de coutume.

— Oui, mon cher Monjoyeux, je suis malheureux de mon bonheur. Voyez-vous, une femme, c'est toujours une belle matinée de printemps. On la prend dans l'azur, on l'étreint dans les nuées.

Monjoyeux avait bien entendu dire quelques mots des amours du prince Rio et de Victoria, mais il avait crié à la calomnie.

— Oui, mon cher, reprit Rodolphe, vous êtes trop galant homme et trop mon ami, pour que je ne vous dise pas la vérité. C'était un secret entre Dieu et moi; l'amitié oblige; ce sera un secret entre vous et moi : Victoria m'a trahi. Que feriez-vous à ma place ?

— Démocrite dirait qu'il faut rire, Héraclite dirait qu'il faut pleurer.

— Eh bien ! je ne veux pas rire parce que j'aime Victoria.

— Oui, mais puisqu'elle ne vous aime plus.

— Je suis sûr qu'elle m'aime toujours.

— Mon cher ami, il faut vous arracher cette dernière illusion du cœur, avec le même courage que vous aurez pour fermer la porte de la maison à votre femme.

— Réfléchissez, mon ami, vous me donnerez un meilleur conseil.

— Ma foi, mon cher, si j'étais trompé, je ne comprendrais que la justice des Turcs et des Égyptiens : je ferais jeter ma femme dans le Bosphore ou dans le Nil. C'est juste et expéditif. Le contrat de mariage n'est pas un contrat par devant notaire, c'est un contrat par devant Dieu, du moins pour la femme, puisque la femme représente ici-bas la vertu. Tant pis pour elle.

— Mon cher ami, nous ne sommes ni en Égypte ni en Turquie, nous sommes à Paris, dans le pays même où le grand Molière fut trahi.

— Je suppose que vous ne voulez pas que je vous conseille une séparation de corps par devant les tribunaux, c'est-à-dire par devant le public ?

Rodolphe avait penché tristement la tête.

— Ah ! Molière ! c'est celui-là qui me donnerait un conseil, car il a subi toutes les tortures que j'ai dans le cœur.

— Pauvre grand homme qu'il était ! Il riait gaiement de tous les vices de l'humanité, mais quand il voulait rire de lui-même, il pleurait.

— C'est qu'il était comme moi, il aimait sa femme quand elle le trahissait. Il renfermait sa blessure en lui-même, dans la peur de perdre madame Molière. Il faut être marié, pour bien comprendre toutes les contradictions du cœur et surtout toutes les contradictions de la femme. Qui vous dit que madame Molière, au milieu de ses désordres, n'aimait pas son mari ?

— C'est que si elle eût aimé son mari...

— Je vous vois venir ; vous allez dire une sottise patentée. Il y a chez la femme un sentiment qui précède l'amour : c'est la curiosité.

— Oui, mais si la femme est amoureuse ici, elle n'est pas curieuse là-bas.

Rodolphe fit le tour de sa chambre.

— Après tout, vous avez peut-être raison. Je veux m'accrocher aux branches quand l'arbre est pourri.

— Je ne suis pas si absolu.

Le marquis se rapprocha de Monjoyeux.

— Ecoutez ma misère : j'adore cette femme. Toutes celles que j'ai aimées se sont effacées devant elle. Elle m'a pris le cœur, l'âme, l'esprit. Je ne vois plus que dans son auréole, j'aimerais mieux mourir que de la perdre. Je m'indigne contre moi-même, mais mon courage tombe devant mon amour. Ne condamnez pas ma lâcheté, il y a peut-être de l'héroïsme dans ma folie. Victoria ne sait pas que j'ai surpris sa trahison. Comme toutes les femmes — j'imagine qu'elles sont toutes ainsi, car, jusqu'ici, je n'avais vu qu'un côté de la médaille, celui de l'amant — Victoria me trompe et me caresse. Que dis-je ! elle est plus caressante qu'elle ne l'a jamais été. Elle est inépuisable en félineries, en serpentements, en voluptés inattendues. Ma colère tombe devant ses séductions. Je trouve dans ma jalousie même je ne sais quel plaisir plus aigu qui m'arrache des cris de joie et des sanglots. Je m'effraie moi-même. Je me demande avec horreur si ce n'est pas un cœur dépravé qui bat dans ma poitrine. Eh bien, non! c'est la force de l'amour. Et l'amour est si fort qu'il me désarme quand je veux faire mon devoir. Cette femme m'enivre, m'affole, me tue. Une fois j'ai saisi un couteau, elle m'a désarmé par un baiser. Une autre fois j'ai voulu l'étouffer, mais j'ai senti son cœur battre sur le mien, j'ai respiré sa chevelure, j'ai vu ses yeux mouillés, et le mari offensé n'a plus été qu'un amoureux.

Monjoyeux était deux fois ému.

— Mon Dieu! ce que vous me dites ne m'étonne pas, répondit-il. Nous avons tous passé par là, mais c'étaient des maîtresses et non des épouses qui nous trahissaient. On s'arrachait un peu les cheveux et on allait souper plus amoureux que jamais, parce que l'amour aime la bataille. Mais, que diable! dans le mariage, le mari ne va pas souper sur la nappe de l'amant.

— Oui, j'ai horreur de ce festin partagé. Et pourtant, comment m'arracher aux délices de cette femme ? Je vous le dis, j'aimerais mieux mourir.

— Est-ce qu'on ne pourrait pas la ramener à de beaux sentiments ?

— J'en doute ; elle fait le mal comme elle ferait le bien, avec la même insouciance. Peut-être même ne trouve-t-elle de plaisir qu'à faire le mal.

— Oui, il y a des femmes comme cela qui trompent leur mari avec leur amant, pour avoir le plaisir de tromper leur amant avec leur mari.

— Oh! la femme! Il y a des esprits forts qui suppriment le paradis et l'enfer ; qu'est-ce donc autre chose que la femme ?

— Pourquoi ne faites-vous pas appel à l'ange dans le démon ?

— Parce que je me garderai bien de lui avouer que je sais sa trahison. Je ne veux pas de son mépris, je serais forcé de me séparer. Et que ferais-je de mon amour ?

M. de Villeroy était hors de lui. On voyait bien que sa raison ne le dominait plus. Il était tout à cette fatale passion.

— Oui, les Orientaux ont raison, dit-il. Il

faut tuer la femme adultère. Pour moi, il me serait impossible de me séparer de Victoria et de la savoir dans un autre amour.

— Prenez garde, dit Monjoyeux, qui voulait ramener son ami à sa dignité, si nous laissions faire les femmes, ce seraient elles qui en France auraient un harem. Maintenons la pluralité des femmes contre la pluralité des hommes.

— Eh bien ! je la tuerai ! dit le marquis en agitant la main comme s'il tenait un poignard.

— Ce n'est pas la peine. La vraie vengeance, c'est de laisser aller à l'abîme cette pauvre âme inquiète. Dieu merci, il n'y a plus aujourd'hui de maris ridicules. Molière a porté sa croix pour le salut de l'honneur conjugal. Ç'aura été sa comédie la plus terrible, que l'histoire de son mariage. Avant lui on bafouait le mari ; aujourd'hui on bafoue la femme.

Mais Monjoyeux eut beau dire, Rodolphe était trop enraciné dans son amour pour retrouver une heure de courage. Il devait subir le maléfice jusqu'au bout.

IX

La pelisse violette

On parlait beaucoup dans les hautes régions parisiennes de la beauté et des extravagances de Victoria. On jugeait son mari le plus heureux et le plus malheureux des hommes. On ne se trompait pas. Seulement son bonheur n'était qu'un éclair sur l'orage nocturne, son malheur durait un siècle tous les jours. Il bravait toujours haut et fier le sourire des sceptiques. Il avait décidé sa femme à aller un peu moins dans le monde sous prétexte qu'elle serait bientôt démodée si on la rencontrait partout. Elle avait compris et elle n'apparaissait plus que les grands jours. Rodolphe n'abdiquait pas son rôle de mari, il lui donnait le bras pour entrer comme pour sortir. Si on maldisait d'elle, ce n'était pas devant lui.

Un soir qu'il l'avait conduite à l'Hôtel-de-Ville, il errait seul dans les salons.

Il rencontre un sot, il le fuit, mais c'est pour tomber dans un autre qui lui dit :

— Vous cherchez votre femme ?

— Non, je sais où elle est.

Et il veut passer outre, mais le sot tient bon.

— Je crois, marquis, qu'elle vous cherchait, car elle descendait tout à l'heure l'escalier d'un air inquiet.

Rodolphe avait continué son chemin comme un homme qui ne veut pas entendre ; mais il avait entendu.

Il retourne dans la grande salle comme s'il dût retrouver sa femme dans les quadrilles ou les valses, mais il ne la retrouve pas. Il traverse le premier salon et il descend l'escalier. Il interroge un de ses amis qui a fait demander ses gens :

— Tu n'as pas vu ma femme ?

— Si, elle vient de passer tout encapuchonnée dans une pelisse violette.

Rodolphe va jusque sur la place.

— Une pelisse violette! dit-il, elle avait une pelisse rose. Et d'ailleurs, comment eût-elle pu avoir sa pelisse puisque j'ai gardé le numéro du vestiaire?

Il se perd sur la place. Il regarde dans toutes les voitures qui s'en vont. Il finit par croire que ce n'était pas sa femme qui descendait l'escalier et qui s'en allait en pelisse violette. Il rebrousse chemin, au haut de l'escalier, il retrouve le sot.

— Eh bien! vous n'avez pas trouvé la marquise?

— Ce n'est pas la marquise que je cherche, répond Rodolphe d'un air insouciant.

Rodolphe retourne dans la grande salle, sa femme ne valse ni ne danse. Il parcourt les salons des causeries. Elle n'est ni ici ni là.

Une heure se passe. Où peut-elle bien être allée?

Elle est partie seule, l'attendait-on dans une voiture? Avait-elle un rendez-vous de minuit?

Était-elle allée rejoindre le prince qui était absent du bal ? Y avait-il un autre amant qu'il ne connaissait pas ?

Tout à coup, il entend ce mot à son oreille :

— En vérité, cette marquise de Villeroy est le chef-d'œuvre des chefs-d'œuvre.

Il lève les yeux. Elle est là, devant ses yeux, qui valse avec son adorable désinvolture, les yeux perdus, la tête penchée, s'appuyant sur son valseur avec ce charmant et coupable abandon des femmes que possède l'amour.

Rodolphe se croyait dans un songe. Quand Victoria eût valsé, elle vint à lui tout essoufflée.

— Ah! je mourrai en valsant! dit-elle.

Elle prit la main de son mari et elle la porta à son cœur. Ce qui fit dire à ceux qui regardaient :

— Dieu merci, voilà un mari et une femme qui font comme chez eux.

— Pourquoi valses-tu? demanda Rodolphe à Victoria.

Elle ne lui répondit que par ce simple mot :

— Pourquoi ne valses-tu pas?

Elle lui avait pris le bras, elle l'entraîna vers l'escalier.

— Allons-nous-en, reprit-elle. On ne respire pas ici.

Rodolphe emmena silencieusement sa femme.

Au vestiaire, quand il lui donna sa pelisse rose, il lui dit :

— Je croyais que tu avais une pelisse violette ?

Elle le regarda avec la plus belle effronterie du monde.

— Tu vois bleu, lui dit-elle.

Et, s'enveloppant de sa pelisse :

— Je croyais que je te faisais toujours voir la vie en rose.

Le valet de pied vint avertir que la voiture allait passer. C'était le petit coupé à deux places, le lit étroit des amoureux ; il n'y avait de place que pour une jupe de bal. Victoria se blottit dans un coin comme si elle voulût dormir ; mais dès que Rodolphe fut entré, elle mit sa tête sur son épaule, voluptueuse habitude qu'elle avait prise au lendemain de son mariage.

Le mari la laissa faire. Il avait beau s'indigner, il s'enivrait encore des senteurs pénétrantes de la belle chevelure de sa femme.

— Est-ce possible, se disait-il, que le mal soit si près du bien !

Il se demandait conseil à lui-même. Devait-il continuer plus longtemps à traverser cet enfer ? L'amour devait-il le retenir encore dans les mille morts de la jalousie ? Il ne pouvait s'expliquer la tranquillité de cette femme, qui le trompait sans crainte et sans remords, à peu près comme si elle eût mangé une pêche ou bu un verre de vin de Champagne. Dans ses bonnes fortunes passées il avait trouvé tout naturel que les femmes se donnassent à lui sans souci de leurs devoirs. Maintenant que c'était sa femme qui se donnait à d'autres, il s'étonnait et s'indignait, tout en disant comme La Rochefoucauld : « Je ne m'étonne plus que d'une chose, c'est de m'étonner encore. »

Chaque pas qu'on fait dans la vie on change de point de vue. Voilà pourquoi, selon l'expression d'un philosophe plus hardi encore : Tout le monde a tort, et tout le monde a raison.

Cette nuit-là Rodolphe eut peur d'éclater dans sa colère. Il fut de bonne compagnie jusqu'à la porte de la chambre de Victoria.

— Bonsoir, lui dit-il.

— Nenni ! nenni ! murmura-t-elle moitié endormie, moitié amoureuse, je ne veux pas coucher seule.

La femme voulut entraîner le mari.

— Un mari doit obéissance à sa femme, dit-elle.

Rodolphe répliqua sur le même ton :

— Une femme doit fidélité à son mari.

— Est-ce que vous avez la prétention de m'apprendre le Code civil ? Eh bien ! venez, moi je vous dirai mes articles de foi.

Rodolphe était entré malgré lui.

— Ce qui me chiffonne, dit-il, c'est que vous n'avez plus votre pelisse violette.

Elle le regarda encore.

— Décidément, lui dit-elle, vous ne voyez plus avec vos yeux d'autrefois.

Elle ôta la pelisse rose et la laissa tomber à ses pieds.

— Ne suis-je donc pas belle ainsi, monsieur mon mari ?

— Est-il possible qu'une femme aille au bal toute nue ?

Et Rodolphe regardait ces admirables bras et ces épaules de marbre qui n'étaient séparées que par une « entournure » de deux doigts de large, si bien que dans la valse, quand la femme lève le bras, on voit le bras comme s'il n'y avait pas d'entournure.

— Qu'est-ce que cela vous fait si tout cela est à vous ? Est-ce que vous mettez des robes à vos deux statues pour les montrer ? Rodolphe, je ne vous croyais pas un homme à préjugés.

— Je n'ai pas de préjugés, je ne me fâche que parce que vous avez caché votre sein sous une pelisse violette.

— Rodolphe, tu es fou ! Je t'aime ! Embrasse-moi bien doucement.

Victoria s'appuya de toutes ses forces sur le sein de son mari.

Il la prit dans des bras de fer.

Elle poussa un cri ; mais elle dit encore :

— Rodolphe, je t'aime !

Il lui sembla à lui que c'était le cri du cœur..
Il l'étreignit avec un sentiment d'amour dans la haine.

Il la vit pâlir comme dans les ardentes voluptés... Il semblait qu'elle lui donnât son âme...

Tout d'un coup la tête de Victoria retomba en arrière.

Il porta sa femme sur le lit.

X

La morte

Elle était morte.

— Oh! mon Dieu! s'écria-t-il avec stupeur en la voyant inanimée, je l'ai étouffée dans mes bras!

Il se jeta sur elle, il lui prit les mains, il l'embrassa.

— Victoria! Victoria! Je t'aime! Je te pardonne! Victoria, réponds-moi!

Mais elle était là, muette et immobile; les yeux ouverts ne voyaient plus. La bouche exprimait en même temps la douleur et la joie.

Rodolphe sonna et cria à la porte qu'il fallait un médecin. La femme de chambre, qui croyait que monsieur coucherait chez madame, venait de se coucher elle-même.

M. de Villeroy perdait la tête. Il brisa un flacon pour passer des sels sur les lèvres de la morte. Il dégrafa ou plutôt il arracha son corsage. Une lettre tomba sur le lit. Il la saisit et voulut l'ouvrir.

— Non, dit-il.

Et il la jeta dans l'âtre sur les dernières braises. Et il reprit la morte dans ses bras...

Puis tout à coup, comme si cette lettre eût renfermé le secret de ce cœur étrange qui ne battait plus, il la ressaisit. C'était un billet plié en quatre sans enveloppe. Il le déplia d'un mouvement fébrile :

Mon adorée...

Ces deux mots flamboyèrent sous ses yeux. Il regarda la signature. Point de signature. Sans doute elle le connaissait bien puisqu'il n'avait pas besoin de signer.

A ce moment, la femme de chambre entra.

— Louise ! un médecin.

La femme de chambre regarda sa maîtresse.

— Mais monsieur, madame est morte !

Rodolphe était revenu à sa femme, il jeta la lettre sur le lit et il souleva la tête de Victoria.

— Victoria ! Victoria !

Il ne trouvait plus d'autres mots.

— Mais, monsieur, que s'est-il passé ?

— Est-ce que je le sais ! Elle m'a embrassé, elle a pâli et elle est morte.

— Voilà. Madame avait depuis longtemps des palpitations, elle n'a voulu rien dire. Elle devait mourir sans le savoir.

— Où trouver un médecin près d'ici ?

— Je vais dire au valet de chambre de courir à l'hôpital Beaujon.

— Oh ! mon Dieu, mon Dieu ! dit Rodolphe, nous serons une demi-heure sans secours.

La femme de chambre sortit et rentra.

Les mains de la morte se refroidissaient déjà.

— Voyez donc, monsieur, voilà que madame a le front glacé.

— C'est fini ! dit Rodolphe à moitié fou de douleur.

Pour la troisième fois, il reprit la lettre.

Cette fois il la lut. En voici la copie mot à mot :

Mon adorée, je n'ai jamais vu de créature plus étrange que toi. Tu me dis que tu m'aimes, mais il y a quelqu'un que tu aimes mieux que moi.

— Qui donc? s'écria Rodolphe.
Et il regarda la morte.
La morte ne lui dit rien; il continua à lire :

Oh! ce n'est pas le prince ni lord Soumerson : tu t'es moquée d'eux! Je sais bien quelle curiosité t'a entraînée. Tu t'imaginais que le premier était le prince Charmant, tu croyais que le second était un héros de conte de fées. Quand tu les as bien vus, tu t'es repentie, sans être coupable, dans les bras d'un autre. C'est cet autre dont je suis jaloux!

— Qui donc? dit encore Rodolphe.
Il se rapprocha de sa femme et se pencha au-dessus d'elle comme si elle allait lui répondre.

L'expression douloureuse qui s'était répandue sur sa bouche s'effaçait peu à peu. Il ne restait plus qu'un demi-sourire de sérénité. Il sembla à Rodolphe que devant sa question la morte avait changé de physionomie.

Mais il n'avait pas fini de lire la lettre :

Ah ! celui qui se vante de connaître les femmes, est un fat ou un faquin. Les femmes ne se connaissent pas elles-mêmes. Je suis bien sûr que tu n'as pas la conscience de ton cœur. Il t'emporte où il lui plaît. Il s'en est fallu de bien peu que tu ne fisses pas de folies. Certes, ce n'est pas moi qui me plaindrai de ton esprit d'aventures, puisque le seul bonheur de ma vie m'a été donné par toi.

Rodolphe froissa la lettre et ferma les yeux comme si un nuage de mort eût passé sur son front.

Mais te l'avouerai-je ! Depuis que j'ai découvert que ton véritable amant c'était...

— Il me semble que madame respire encore, dit Louise qui venait de rentrer avec trois ou quatre flacons.

Rodolphe regarda sa femme avec anxiété.

— Victoria! Victoria!

Cette fois il lui sembla que le sourire habituel de cette belle bouche y était revenu dans toute sa douceur charmante. Elle le regardait avec ses yeux fixes. Il eut un instant l'illusion de la vie. Elle n'était pas morte, elle allait lui parler, elle voulait lui dire que cet amant, c'était lui.

Mais ce n'était qu'une vision. Il l'embrassa sur la bouche, comme pour ranimer ses lèvres froides.

Il relut la phrase commencée :

.... Depuis que j'ai découvert que ton véritable amant c'était — ton mari, — je souffre de toutes les jalousies. Un mari! c'est un rival de toutes les heures. Un rival le jour, un rival la nuit. Un rival qui accuse son amour par son droit. Je suis désespéré. Cette lettre te trouvera au bal de l'Hôtel-de-Ville. Mon domestique t'attendra au bas de l'escalier avec une pelisse violette. Je t'attendrai dans mon coupé, tu sortiras du côté de la caserne. Je ne te demande qu'une heure si tu m'aimes, cinq minutes si tu ne m'aimes pas.

— Hélas! murmura tristement Rodolphe, c'est moi qu'elle aimait, mais qui me dira si elle est restée avec cet homme cinq minutes ou une heure?

Quand le médecin arriva, il porta la main au cœur de Victoria.

— Tout le sang est là, dit-il.

Il demanda la lampe et regarda.

— Voyez, reprit-il, en appelant l'attention de Rodolphe, il y a une rupture d'anévrisme.

On voyait transparaître le sang répandu dans le corps comme on voit le vin rouge à travers le cristal.

— Plus rien à faire, dit le médecin, sinon à pleurer une si belle femme.

Deux heures après, Monjoyeux, averti par le valet de chambre de Rodolphe, survint tout bouleversé.

— Ah! mon cher Monjoyeux! quelle femme j'avais là! On l'a calomniée, mais c'était bien ma femme!

— Comment est-elle morte? demanda Monjoyeux tout stupéfait.

— Elle s'est mise sur mon cœur et elle m'a dit de la presser bien doucement dans mes bras. Je l'aimais trop — et je la haïssais trop, hélas! — pour la presser bien doucement. J'ai peur de l'avoir étouffée dans une étreinte.

— Comme elle est belle ! dit Monjoyeux. Elle me rappelle le mot des Orientaux : *La lumière de la maison et la face du ciel*.

Il s'agenouilla. Rodolphe lui prit la main, le releva et l'embrassa en pleurant.

XI

Les roses et les bengalis

Rien au monde ne pourrait peindre le désespoir de Rodolphe. Il se passait sans cesse la main sur le cœur comme pour se le déchirer ; il se frappait le front comme pour flageller son esprit. Se pardonnerait-il jamais, lui qui avait vécu avec toutes les femmes, d'avoir ainsi méconnu la sienne ! — d'avoir méconnu que toute créature douée obéit fatalement à l'inquiète curiosité ! C'est une maladie du cœur et de l'esprit dont un mari doit être le médecin, non pas le médecin brutal, mais le médecin qui apaise et qui console.

Et tout à coup, au milieu de ses malédictions contre lui-même, cette éternelle question se posait devant lui : « Est-elle demeurée cinq minutes ou une heure avec cet homme ? »

Elle l'aimait, lui, — mais peut-être l'avait-elle trahi—jusqu'au dernier mot de la trahison.

Tout le reste de la nuit se passa dans ces angoisses. Il embrassait la morte, il gardait sa main froide dans la sienne; quelquefois il la rejetait sur le lit parce que sa jalousie survivait toujours. Mais il reprenait bientôt cette gentille main, cette adorable main qu'il ne caresserait plus.

Vers neuf heures, Louise apporta une lettre — à madame.

— Oh! mon Dieu! dit cette fille comme si elle se réveillait, j'apportais cette lettre parce que je ne puis pas m'habituer à ce que madame soit morte.

Elle regarda Rodolphe et elle ajouta tristement :

— Il y a une réponse.

Le mari avait déjà saisi la lettre. Il la lut d'un seul regard.

Ce mot est un adieu! Je vous l'ai dit déjà,

vous n'êtes qu'un enfant joueur. Les hommes sont des poupées pour vous, des poupées qui parlent; quand elles ont parlé, vous les jetez à vos pieds parce que vous trouvez qu'elles ne disent rien de nouveau. Je pars pour Monaco, j'y trouverai des filles qui me guériront des femmes. C'est bien la dernière fois que je me laisse prendre à toutes ces Célimènes des salons qui vous tiennent toujours la dragée trop haute. Si vous avez gardé mes trois lettres, brûlez-les, puisqu'aujourd'hui les autographes font mettre l'épée à la main. Adieu; je vous ai adorée cinq jours, vous m'avez accordé cinq minutes pour vous moquer de moi : vous aurai-je oubliée dans cinq ans ?

La lettre n'était pas signée.

Le marquis de Villeroy tomba agenouillé. Il reprit la main de sa femme pour la couvrir de larmes et de baisers.

— Cinq minutes! cinq minutes!

— Et la réponse, monsieur? demanda cette fille.

— Dites que celui qui a écrit donne son nom et je répondrai.

Le bruit de la mort de la marquise se répandit dans toute la société parisienne avant même que les journaux mondains n'eussent annoncé cette mauvaise nouvelle.

— Pauvre femme! elle était bien jolie! dirent les uns.

— Quel dommage! elle était si coupable! dirent les autres.

Le prince Rio alla droit chez Villeroy. Il demanda à le voir.

— Mon cher ami, lui dit-il, j'étais amoureux de votre femme, mais j'ai le droit de venir chez vous. Nous avons joué à l'amour, mais à peu près comme un collégien et une pensionnaire. La marquise se moquait de tous ses amoureux parce qu'elle vous aimait.

Le prince avait fait un pas dans la chambre mortuaire. Dès qu'il entra, il ne se sentit pas le courage d'aller jusqu'à la morte, il tomba agenouillé et il fit le signe de la croix.

Il s'éloigna en silence.

Rodolphe, qui n'avait pas laissé tomber un mot de ses lèvres de marbre, entr'ouvrit la fenêtre pour ne pas se trouver mal.

Le soleil entra gaiement comme une avalanche de lumière, — le soleil qui a sa part de toutes les fêtes et de toutes les tristesses !

— Il ne s'était jamais montré plus vif que ce matin-là. Comme de coutume, on avait mis les oiseaux sur le balcon, un jardin suspendu.

Victoria aimait ses oiseaux et ses fleurs avec passion ; elle becquetait ses fleurs et se faisait becqueter par ses [oiseaux comme la jeune fille des peintures de Pompéia.

Rodolphe eut le cœur plus désolé encore en passant sur le balcon. Ce rayonnement du soleil, cette senteur des lilas blancs, des primevères et des violettes, ces chansons et ces gazouillis des fauvettes à tête noire, des bengalis, des chardonnerets et des mésanges étaient une offense à sa douleur.

Et puis il se mit à penser combien Victoria était heureuse encore la veille sur ce balcon, donnant à boire à ses fleurs et à ses oiseaux, s'amusant des pierrots gourmands qui venaient becqueter les miettes de la table.

— Hélas ! dit-il en portant une branche de lilas à la morte, pour qui fleuriront les roses de son balcon ?

XII

Triste! triste! triste!

Voilà l'histoire de Villeroy dans ses deux passions les plus sérieuses.

Son ami, trahi par lui, fut bien vengé.

Ce n'est pas l'homme qui a inventé la peine du talion. Victoria ne fut pas coupable, mais ne subit-il pas toutes les angoisses d'un homme trahi dans sa passion la plus vive et la plus profonde!

Ce fut alors que l'ami du duc de Parisis se présenta chez Violette.

— Eh bien! lui dit-il, moi aussi j'ai été frappé mortellement et je puis pleurer avec vous.

Violette n'eut pas de peine à lui faire conter son histoire.

Quand M. de Villeroy se fut épanché dans ce cœur loyal, il baisa fraternellement la main de Violette en voyant qu'elle avait des larmes dans les yeux.

— Pauvre femme! dit-elle.

Elle regarda Rodolphe et ajouta :

— Pauvre homme!

Ils ne se dirent plus un mot ce jour-là.

Quand Rodolphe fut parti, Violette se demanda si décidément l'amour n'était pas toujours le drame de la vie, la vie, où la joie de la veille n'est que la douleur du lendemain.

Ce jour-là Bérangère vint prendre Violette pour aller au Bois.

— Êtes-vous heureuse? lui demanda Violette.

— La belle question! puisque je suis amoureuse.

— De qui?

Violette avait souri.

— Vous êtes folle! De qui serais-je amoureuse, si ce n'est de Monjoyeux?

— C'est que vous êtes si folle vous-même!

—Vous savez que nous allons demain aux courses de Longchamp?

— Oui, mais dans un coupé, n'est-ce pas?

— Oh! la sauvage! Oui, dans une cellule si vous voulez, mais vous me permettrez de mettre la tête à la portière. D'ailleurs, vous la mettrez aussi, car je vais vous apprendre une nouvelle. Le marquis de Sommerson est revenu d'Angleterre tout exprès pour faire courir; je sais déjà plus de cent mille francs de paris sur un de ses chevaux, celui qu'il a baptisé du nom de *Revolver*.

Violette ne répondit que par un battement de cœur.

— J'ai juré que je ne le reverrais pas, dit-elle tristement.

Voilà pourquoi elle alla aux courses.

LIVRE IV

CES DEMOISELLES A LONGCHAMP

On est pour un quart ou pour un huitième dans la vie de celle qu'on appelle sa maîtresse.

On peut comparer la dame à un de ces carrosses de hasard qu'on loue à l'heure pour se donner des airs d'enfant prodigue aux courses de chevaux ou aux Champs-Élysées.

On peut dire encore que la vie est un vaudeville qu'on fait à deux ou à quatre : qui le scénario, qui le dialogue, qui les couplets, qui le mot ; mais c'est toujours elle qui trouve la dernière malice et qui a les applaudissements.

★★★

Tant vaut l'homme, tant vaut la femme ; tant vaut la femme, tant vaut l'amour ; tant vaut l'amour, tant vaut la vie ; et tant vaut la vie, tant vaut la mort.

★★★

L'amour est si lourd a traîner à deux qu'on prend un troisième compagnon pour en soulever les chaînes.

***

Quand une pécheresse apparaît, on la prend pour ce qu'elle a été. L'homme d'esprit ne questionne jamais ; à quoi bon lire le livre du passé pour faire le livre de l'imprévu ?

***

L'amant qui donne des chevaux à une femme lui donne les moyens d'aller se promener sans lui.

***

La plus belle fille du monde ne peut donner que ce qu'elle a. — Qui a dit cela ? — Elle donne ce qu'elle n'a pas : l'amour.

***

Pour la femme, l'amour, c'est la curiosité ; pour l'homme, c'est l'amour.

***

On a dit que les gens d'esprit ne réussissaient pas dans le monde, parce qu'ils ne croyaient pas les autres aussi bêtes qu'ils sont. Les amoureux qui ne réussissent pas sont aussi bêtes que les gens d'esprit : ils ne croient pas les femmes aussi — Èves — qu'elles sont.

***

L'amour, dans le cœur de la femme, est le diamant dans le charbon. Mais pour le chercher on trouve le feu et la mort.

***

Je connais peu de femmes qui donnent dans la prodigalité. J'en connais beaucoup qui donnent dans la prodigalité des hommes.

***

Ces dames et ces demoiselles à Longchamp

IOLETTE alla donc aux courses de Longchamp.

Toujours indolente, toujours réfugiée dans son cœur, toujours cloîtrée dans le passé, elle se laissait vivre avec l'insouciance d'une âme qui ne croit plus aux joies de la terre.

Elle s'abandonnait à la volonté de Bérangère, d'Hélène ou d'Éva.

Elle allait souvent passer ses heures de l'après-midi dans l'atelier de Monjoyeux.

Souvent aussi elle allait voir la marquise

de La Chanterie devenue trop mondaine. Plus souvent elle allait causer à perte d'âme vec sa chère comtesse de Montmartel, toujours attrayante comme l'abîme, toujours les bras ouverts pour ne rien étreindre, parce qu'elle ne voulait les fermer que sur son idéal. Mais où le trouver, même avec les yeux de Charmide ?

Malgré les prières de ses amies, Violette ne voulait pas recevoir. Elle avait peur du bruit, elle se croyait trop paresseuse pour se muliplier en vraie maîtresse de maison.

Pourtant, quoiqu'elle fût encore au Grand-Hôtel, elle promettait d'ouvrir enfin son salon à l'hôtel Parisis, mais c'était toujours pour la semaine prochaine.

La Chanterie menait une vie un peu folle. Il avait la main heureuse à la Bourse, ce qui lui permettait de jeter l'argent à pleines mains. Sa femme était la mieux logée de Paris dans ses voitures. C'était un luxe inouï de chevaux et de laquais.

Pour les courses elle décida Violette à monter avec elle dans sa daumont. Bérangère et Hélène montèrent dans une autre daumont, pareillement à son mari.

La Chanterie s'amusait à rivaliser contre lui-même par la beauté des équipages.

Madame de Néers était maritalement gardée à vue dans un coupé.

Ce jour-là, c'était fête dans tout Paris, fête au ciel, où le soleil riait dans le bleu, fête au Bois, où les premières feuilles jaillissaient sur les branches.

C'est Pâques fleuries sous le plus beau soleil d'argent; la nature, toute frileuse encore, se hasarde à dénouer sa ceinture. Comme la belle fille d'Ovide, les fleurs et les feuilles lui poussent déjà aux mains. Ses blonds cheveux vont secouer tout à l'heure l'arome des aubépines et des primevères. Elle se couronne avec deux rameaux rouges de l'arbre de Judée et deux branches de lilas blanc. Elle foule sous ses pieds la nappe des blés verts; elle attache à son sein la branche toute fleurie du pêcher; elle souffle en passant sur la neige des pommiers et sourit en reconnaissant que le givre n'argentera plus les arbres.

Le marquis de Sommerson, qui n'avait pas paru depuis quelque temps, était annoncé parmi les combattants. Le comte de La

Grange, tout en croyant gagner, pariait contre lui-même pour son rival d'outre-Manche.

Dix mille voitures montaient l'avenue des Champs-Elysées et l'avenue Friedland pour aller à la fête, côté gauche et côté droit.

Que dit-on du côté droit? Écoutez :

— N'est-ce pas que la marquise de Rastillac est éblouissante? Tout le monde admire son collier à trente-deux grains, le nombre de ses années.

— Tous les ans, le jour de sa fête, un de ses amis lui apporte une pierre pareille aux autres. « L'an prochain, disait-elle tristement, il me faudra commencer une seconde rivière. » Or, c'est moi qui me suis jeté à l'eau.

— Fat!

Voici à côté de la marquise aux trente-deux grains de beauté une jeune veuve qui voudrait bien se marier et rester veuve. Un joli monsieur lui demande son cœur. Écoutons cet autre duo :

— Oui, je connais cela. Le cœur sur la main, mais le cœur sans la main.

— Oh! madame, vous n'êtes pas reconnaissante! Si je vous voulais du mal, je de-

Mlle Fleur-de-Pêche

manderais que nos bans fussent publiés. Mais songez donc, madame, le mariage ! le mariage indissoluble ! le mariage qui ne finit qu'à la mort ! — et encore l'épitaphe le consacre au-delà du tombeau. — Quoi ! vous avez été mariée et vous voulez l'être encore ! Mais vous n'avez donc pas le souvenir de ce sempiternel duo qu'il faut toujours chanter, même si on n'a pas de voix. Oh ! madame, Dieu vous préserve d'une telle fin.

— N'allez-vous pas croire que je vous ai jamais pris au sérieux ? Je sais bien que le mariage n'est pas dans vos habitudes.

— Et pourtant, madame, je me suis marié si souvent...

Et autres marivaudages.

Passons du côté gauche, où nous reconnaissons la signora Barrucci, la princesse Duverger, Jeanne Andrée, Soubise, madame de Boresdon, miss Cora Pearl, la margrave Caroline Hassé, Fleur de Péché, Charlotte Berthier, la Taciturne, la Charmeuse, Blanche d'Antigny, Sarah Bernhardt, Trente-six-Vertus, la somptueuse Marie Colombier, mademoiselle Vas-y-donc, Julia Baron, Silly, Léonide Leblanc,

Lasseny, Anna Callypige, Château de Cartes, la Marguerite des Marguerites, mademoiselle Courtois, troisième manière, la plus courtoise.

M. le vicomte de la Blague et mademoiselle Touchatout avaient pris les devants dans une victoria, heureux de montrer leur bonheur entre une calèche armoriée et une demi-daumont où s'étiolait une cocotte négligée.

Mademoiselle Touchatout tournait souvent la tête, avec envie, vers la demi-daumont.

— Vois donc, dit-elle au vicomte de la Blague, qu'est-ce que cette mijaurée fait là-dedans! C'est quelqu'un du demi-monde? Sa demi-daumont n'est qu'une demi-fortune, elle a l'air de porter le demi-deuil de ses demi-amoureux.

— Toi, dit le vicomte demi-spirituel, tu es une femme en tiers et en quarte?

A côté de là :

— Antonio, viens donc me voir pour juger de mon luxe.

— Allons donc! une boutique de curiosités! tu ouvriras cela un de ces jours au public. Vous avez beau faire, vous autres, vous n'êtes jamais chez vous. Vous créez un musée — le musée de tableaux ou le musée Dupuytren. —

Vous tuez le luxe à force de luxe, vous n'êtes que des marchandes du Temple.

Cependant on arrive dans l'enceinte. On prend sa stalle sur le sable ou sur sa voiture. Qui se ressemble s'assemble. Je me trompe : combien de degrés dans la vertu et dans le vice! Nous ne sommes pas du côté de la vertu. Voici le clan des drôlesses, des filles à la joie, des courtisanes, des demi-comédiennes, des quasi-mondaines, l'avant-garde et l'arrière-garde.

Blanche rencontre son amie dans les bras d'un ami.

— Quoi, pas un diamant ! On ne jette donc plus de pierres précieuses dans ton jardin ?

— Tu ne sais donc pas la nouvelle ? Ce n'est plus la mode. Il y a encore des marchandes de diamants, mais il n'y a plus que les femmes honnêtes qui en portent. Les femmes à la mode veulent être aimées pour leur figure et non pour leurs bijoux.

— Elle a raison, c'est l'âge d'or qui revient. Les orfèvres vont se croiser les bras.

— Oui, oui, Marie-Antoinette va refaire sa vacherie au Trianon.

— Le lait m'en vient à la bouche.

— Ne riez pas, dit Monjoyeux qui passait par là avant d'aller au pesage, le lait donne la soif du sang.

— Ohé ! Monjoyeux, pourquoi ne portes-tu pas ta croix ?

— Parce que je porte une fleur de sainfoin. Je fais comme vous, je mets mes bijoux sur l'autel de l'égalité, en bon citoyen. J'espère que tu vas porter une robe plus montante ; tu montres ton sein robuste : celles qui n'en ont pas vont crier à la faveur, le bon Dieu sera appréhendé au corps.

On buvait déjà du vin de Champagne pour faire sauter le bouchon. C'était à qui ferait sauter le bouchon de son esprit. Par malheur, il y avait là beaucoup de bouteilles vides — de cruches qui ne raisonnaient pas. — On montait et on descendait de voiture pour montrer sa jambe, on riait à gorge déployée pour faire éclater son corsage, sans parler de celles qui avaient des dents.

Il y avait là le pêle-mêle des femmes déchues, des demi-mondaines, des filles perdues, des demi-comédiennes en compagnie des hommes du meilleur monde, qui s'imaginaient n'être pas à la portée des lorgnettes des duchesses. Ils s'amusaient comme chez eux. C'était un chassé-croisé de mots plus ou moins cueillis dans les journaux, plus ou moins jaillis de la situation. La bêtise endimanchait l'esprit, on parlait de tout parce qu'on ne parlait de rien.

Promenons-nous à travers tous les mondes. Voici le coin des grues. Témoin Armande :

— Tu fais toujours des mysanthropes ? lui dit Harken.

— Ne me parle donc pas grec, répond-elle.

La Taciturne est là, vraie sibylle d'écume, comme l'avait rebaptisée Antonio.

La Chanterie la questionne au passage :

— Dis-moi, es-tu toujours éloquente ?

— *Ni oui ni non.*

— Comment as-tu fait pour arriver une des premières aux courses, toi qui ne vois jamais lever l'aurore ?

— *Question d'argent.*

— Est-ce que tu vas faire ta fortune aujourd'hui ?

— *J'en accepte l'augure.*

— Tu sais que tu es toujours belle, ô Taciturne !

— *Je suis désarmée.*

— Désarmée avec des yeux qui sont des revolvers ?

— *Ni oui ni non.*

— Allons-nous-en, car elle va trouver un mot nouveau : elle dira qu'il fait beau temps.

— Oui, mon cher, le temps est au beau fixe et à la bêtise fixe.

— Le baromètre des grues est toujours au variable.

— Le matin, au-dessous de zéro ; le soir, au-dessus de quelques louis.

Entre trois bonnes amies :

— Oh ! cette Marguerite des Marguerites, devient-elle grasse !

— C'est comme les carpes qui ne deviennent belles que dans la bourbe.

— Je te remercie. Pourquoi tends-tu tes toiles d'araignée pour me prendre mon amant ?

— Ton amant ! Je le « connaissais » avant toi.

— Tu as tant de « connaissances ! » C'est pour cela que tu as tant d'esprit.

— Tu ne te maries pas ?
— Non, décidément, je ne suis pas assez bête pour prendre un homme assez bête pour m'épouser.
— Tu as raison, il ne faut pas faire rougir le lit nuptial.
— Des insolences ! Tais-toi donc, toi qui as fait rougir les onze cents vierges de Saint-Lazare.
— Quand j'y suis allée je me suis trouvée chez toi.
— Qu'est-ce qu'ils disent par là ?
— Que Pépita a gagné le prix de vertu à une longueur de tête.
— Moi je n'ai rien gagné du tout.
— Ce n'est pas faute d'avoir allongé la tienne.
— Les courses ! on y perd sa journée.
— Tu es comme l'empereur en *us*, toi, tu n'es pas contente quand le soleil se couche avant toi.

Petit dialogue entre un journaliste et une mabillienne :

— Pourquoi fais-tu le tour de moi ?
— C'est pour faire le tour du monde.
— Monsieur est géographe ?
— Oui, j'ai la passion des golfes et des caps.

— Tu voudrais bien voir mes caps de Bonne-Espérance et mes Alpes-Maritimes.

Entre la Charmeuse et Fleur-de-Péché :

— Es-tu contente de ton amant, la Charmeuse?

— Oui, depuis que j'en ai deux.

— Qui est-ce qui te paie cette voiture-là?

— C'est le troisième.

— Et quel est celui que tu aimes?

— Tout le monde. Et toi, es-tu contente de ton prince?

— Oui, depuis qu'il est doublé d'un marchand de chevaux.

— Alors tu les fais courir?

Menus propos de boursier et de financière :

— Oh! oui! une femme est une affaire d'État. Aujourd'hui il lui faut des actionnaires et des obligataires, ce qui ne l'empêche pas de faire faillite.

— Va donc te faire vacciner! Piqueur de cartes! Ou bien fais ton dernier versement.

Et la financière se tournant vers son amie :

— A propos, ma chère, as-tu reçu tes quatre coups de lancettes?

— Oui, hier.

La Taciturne

— Et où t'a-t-il marquée?

— Au bras. J'avais songé aux jambes, mais je me décollète si souvent!

Réflexion d'un gamin devant mademoiselle Vas-y-donc :

— Oh! ne dirait-on pas, parce que tu as une traîne, que tu crois à l'entraînement. Mais tu as beau faire ta tête, on ne fait pas queue sur tes pas.

— Tais-toi, mécréant!

Mot mélancolique — très mélancolique :

— Donne-moi vingt-cinq louis pour parier.

— L'argent ne fait pas le bonheur — quand on le donne.

— Et quand on le reçoit non plus, va!

Ne reconnaissez-vous pas mademoiselle Brohan, troisième manière, qui jette toujours son mot de la première manière.

Elle parle à un sot frotté d'esprit :

— Mon cher, vous savez la différence qu'il y a entre vous et moi?

— Non.

— C'est que je désire être bête et que vous désirez avoir de l'esprit.

Galanterie du prince Rio et réponse ingénue d'une autre princesse de la rampe :

— Est-elle plantureuse, cette Léonie !

— Oui, cela ne m'empêche pas d'être plantée là par ton ami.

— Tudieu ! quelle robe, ma chère ! ouverte de tous les côtés ! On peut entrer ?

— Eh ! dis donc, je ne t'ai pas donné de contremarque.

— Laisse-moi prendre seulement le dessus du panier.

— Chut ! ne parle jamais de corde devant un pendu, s'écrie mademoiselle Trente-six-Vertus. Tu sais bien qu'elle a porté le panier des blanchisseuses, il y a quinze ans.

— Voilà pourquoi sa figure commence à se tuyauter.

— Tuyauter ! va donc te faire ramoner.

— Qu'est-ce que tu dis ?

— Tu ne comprends pas ? Si tu fumais de bons cigares, je ne te dirais pas cela.

Protocole :

— Prends donc garde, tu me marches sur le pied.

— Ce n'est pas ma faute si tu fais le pied de grue.

Jeu de mots du vieux style :

— Bonjour, mon ange. Ah! ventre de biche, on voit bien que tes mauvaises actions sont en hausse. N'est-ce pas, Caroline?

— Assez!

Style de l'hôtel Rambouillet :

— Tu es donc passée du comptoir de la mercière au Comptoir d'escompte?

— Tu veux donc que je dise d'où tu viens et où tu vas, avec tes yeux en strass et tes dents cousues de fils d'or?

— Ne lève donc pas ton Saint-Sacrement : on voit bien que tu descends de haut. Je t'ai connue à Montmartre la maîtresse d'un vio- de la *Reine-Blanche*. On m'avait dit que la musique adoucissait les bêtes.

— Ne dirait-on pas que tu n'y as jamais été, au violon?

Belle réflexion d'un lundiste qui prend parmi ces dames le pseudonyme de l'empereur Adrien :

— Cher! écoute donc! Il est amusant, l'empereur Adrien.

— Oui, mes odalisques. On devrait enrégimenter les femmes galantes en deux bataillons, bataillon de l'avant-garde et bataillon de l'arrière-garde. Il y aurait les officières, les volontaires, les tirailleuses, les musiciennes. Mademoiselle A. B. porterait le bâton de maréchale, mademoiselle C. D. serait générale de division, on trouverait deux jolies colonelles, quelques capitaines, on formerait un très vaillant état-major.

A sa première victoire, une femme serait nommée caporale.

— Il a raison. Combien de nos courtisanes seraient considérées comme hors cadre! combien qui seraient appelées à faire valoir leurs droits à la retraite! Les plus à la mode aujourd'hui seraient envoyées aux Invalides.

A deux pas de là :

— Est-ce un banquier.

— Non, c'est un auteur?

— Est-il l'auteur de sa fortune?

— Non, idiote, c'est un homme de lettres.

— Alors il fait la petite poste, comme Jean-Jacques Rousseau.

— Mais non, il fait des livres.

— Des livres de comptes. Je lui donnerai les miens.

— Prends plutôt l'ami de La Chanterie, qui est un homme de bourse.

— Un homme de bourse ! allons donc, moi je ne m'acoquine qu'à la noblesse.

— Eh bien ! ma chère, je suis ton affaire. Je suis noble comme Richard Grain d'Orge, ce marchand de bœufs qui fut contraint d'accepter des lettres de noblesse, parce qu'il était trop riche pour ne pas payer cette contribution-là.

— J'aime mieux Raymond : en voilà un qui se couronne !

— S'il n'est pas là c'est qu'il cherche son arbre généologique.

— Alors il est allé dans la forêt de Bondy.

Mais voici les Bouffes-Parisiens et les Folies-Marigny qui vont faire leur entrée sur le turf.

— Bonjour Nini ! Tu parles toute seule, est-ce que tu apprends un rôle nouveau ?

— Au contraire, je le désapprends. Ah ! ma chère, tu n'imaginerais jamais toutes les bêtises qu'ils me font dire. Heureusement que je débiterai tout cela en robe très décolletée.

— Ce ne sera pas si bête.

— Après cela, combien faut-il de sots pour faire un public, surtout quand Nini est en scène ?

— Parle pour toi.

— Où est donc la Tapageuse ?

— Tu ne sais donc pas qu'on l'a saisie hier ?

— Tu m'expliques pourquoi d'Ayguesvives l'a lâchée avant-hier.

— Les amours finissent toujours faute d'argent : voyez plutôt cette belle fille d'Albion qui était cet hiver une vraie perle et qui n'est plus aujourd'hui qu'une perle soufflée. Une vraie lune rousse brouillée avec le soleil.

— Que ne vient-il un nabab pour la réemperler ?

— Les nababs ! c'est encore une vieille illusion ! Ils sont habillés de pierres précieuses, mais ils laissent aller les femmes toutes nues.

— C'est pour les voir plus jolies.

— Si jamais il revient un nabab à Paris, les

femmes auront beau le secouer, ce ne sera plus le petit chien qui répand des diamants.

— Mademoiselle Vas-y-donc était toute décolletée dans son corsage montant.

— Ferme donc tes fenêtres ! lui cria le prince Rio.

— Est-ce que mes soleils te font mal aux yeux ?

— J'ai peur de voir des taches aux soleils. Vois-tu, ma chère, il ne faut se décolleter que le soir.

— Tais-toi donc, du moment qu'on a une ombrelle.

— Tu as raison, la pudeur n'est qu'une question atmosphérique.

— Ah ! s'écrie Fleur-du-Mal, voilà là-bas cette pie borgne qui vient de se marier.

— En voilà une qui a le mauvais œil pour son mari.

— Elle a joliment fait de se faire épouser, celle-là ! Elle en était à son dernier amant.

En ce moment, Miravault donnait la main à Blanche-Blanche pour qu'elle descendît de voiture.

— Vous me donnez votre main gauche : si

c'était votre main droite, — je la garderais, — parce qu'elle est toujours pleine d'or.

— Dis donc, tu viens ici en déshabillé? Eh quoi, tu n'as pas fait ta figure !

— Tu sais bien que les actrices, hors du théâtre, sont les femmes qui se maquillent le moins. Pour elles, le théâtre, c'est le monde ; le monde, c'est la coulisse.

— Tu te contentes de faire ta tête ! Ce que c'est que de dire quatre mots au Palais-Royal.

— Je les dit tout haut, parce que je ne rougis pas de ce que je dis, moi.

— Oh! mon Dieu, ne dirait-on pas une pucelle d'Orléans, parce qu'elle est née à Beaugency !

— Oh! je ne pose pas, j'étais pervertie au sein de ma nourrice. Elle avait pourtant de bon lait.

La Charmeuse leva la tête comme pour montrer sa jeunesse luxuriante.

— Eh bien, vous le croirez si vous voulez, j'ai eu aussi mes heures d'innocence ; j'étais romanesque, je jurais de mourir devant le trépied de la Vestale plutôt que de laisser éteindre le feu sacré ; je rougissais pour les femmes

La Charmeuse.

qui ne rougissent plus; mais voilà qu'un beau jour un comédien, qui m'apprenait à chanter, m'appuya sur son cœur : ma fierté tomba, je fus vaincue en croyant le vaincre. C'est l'histoire de toutes les femmes.

— Tu ne me feras jamais croire que tu as passé par la vertu.

— C'est que je ne savais pas mon chemin.

— C'est un vrai pèlerinage que tu fais ici.

— Pourquoi parle-t-on du pèlerinage de Longchamp ?

— Tu ne sais donc pas que c'était une abbaye. C'est ici que la fille de la reine Blanche mourut sur la paille pour nous donner l'exemple. Aussi fut-elle béatifiée.

— On ne te mettra pas sur le calendrier, toi, si ce n'est pour payer tes échéances.

Cependant tout le monde ne parlait pas le beau langage de ces demoiselles.

Dans l'enceinte du pesage, parmi les femmes les plus à la mode, les plus dédaigneux distinguaient le groupe de Violette et de ses amies, où étaient retournés Monjoyeux et le prince Rio.

C'est qu'en effet les plus jolies figures

étaient là. On eût dit des crayons de Lawrence, de Gavarni et de Marcelin. Tout ce que le raffinement du luxe, tout ce que la coquetterie innée, tout ce que le charme nonchalant donnent à une femme, celles-là en étaient pourvues.

Violette avait dit au prince Rio :

—Faites-moi donc l'épitaphe de Longchamp.

Monjoyeux, d'Ayguesvives et le prince Rio racontèrent à peu près en ces expressions l'histoire de Longchamp :

Cette abbaye était un lieu de perdition. Il y a une bonne lettre de ce bon saint Vincent de Paul. Il reproche aux religieuses de porter des gants d'Espagne parfumés, des rubans couleur de feu ; ce n'est que le commencement ; car, s'il faut l'en croire, toutes les portes des cellules étaient ouvertes la nuit. Aussi quand mademoiselle Le Maure, de l'Opéra, prit le voile à Longchamp, elle ne changea ni de théâtre ni d'habitude. Ses amoureux des coulisses vinrent au couvent, pour l'écouter encore chanter l'office des ténèbres.

Tout le dix-huitième siècle consacra l'Opéra de Longchamp. Qui ne se rappelle la tradition des quatre chevaux harnachés d'or et de rubans qui traînaient le carrosse de la Guimard, suivi du carrosse de la Duthé, une conque de Vénus tout en argent. En 1785, ne vit-on pas un Anglais paraître à Longchamp avec un carrosse dont les roues étincelaient de pierres précieuses? Les quatre chevaux étaient ferrés d'argent, ornés de marcassites, de rubis et d'émeraudes.

C'était la comédie aristophanesque, remplacée aujourd'hui par les féeries de fin d'année. Des chariots de masques passaient, jetant leurs quolibets, leurs concetti, leurs grains de sel, leurs bêtises. Jeannot saluait de son bonnet rouge et cherchait une rosière avec sa lanterne. Cadet Roussel, habillé de papier gris, philosophait avec bonne humeur. La servante de Molière demandait un certificat de forte en gueule. Elle racontait toutes les histoires scandaleuses du beau monde, tantôt avec la figure de Dorine, tantôt avec les airs maniérés d'une Précieuse ridicule.

C'est à Longchamp que les Incroyables, en 1796, imposèrent leur royauté pendant que les Merveilleuses imposaient leur nudité so la gaze indiscrète. C'est à Lonchamp enfin, qu'après deux siècles d'exil, la barbe a reparu sur la figure de l'homme, pour montrer que du côté de la femme est la toute-puissance.

Longchamp n'existe plus depuis qu'il existe tous les jours. Depuis qu'on va au Lac, on ne veut plus retourner à la source. L'abbaye avait sa semaine sainte; aujourd'hui on fête encore le dimanche; mais le hosannah n'est plus qu'un hurrah. Les chevaux sont les saints du nouveau calendrier. Que dirais-tu, ô belle Le Maure, si tu voyais là le Jockey-Club prendre le mors aux dents, piaffer où tu chantais, parier là où tu priais? Pour les saintes Thérèses de Longchamp, Dieu était en trois personnes; pour les Madeleines du lac, c'est le Sport qui est en trois journées : les mœurs vont encore plus vite que les chevaux.

Les grands jours de Longchamp sont de l'histoire.

La piété, cette vierge des cœurs, y a amené la mode, cette reine des esprits.

Les nobles pécheresses prenaient fort au

sérieux cette mortification. Voitures, cavales, toilettes, livrées, étaient renouvelées tout exprès, avec d'autant plus ou moins de magnificence, je suppose, que les péchés à expier étaient plus graves ou plus mignons. Chaque nature de faute avait sa désignation, chaque nature de péché sa couleur, selon que la coupable était mariée ou veuve, noble ou bourgeoise, dame ou demoiselle.

Là-dessus on arrangeait des intrigues, on nouait des drames, on dénouait des comédies.

Tout Paris venait voir si monsieur le duc irait seul à Longchamp; s'il saluerait en passant le carrosse de madame la duchesse; si monsieur le chevalier oserait cheminer officiellement et en costume de cour à la portière de madame la présidente, ou si le susdit chevalier gentil, toujours gentil, suivrait discrètement, sur un cheval noir, en habit uni, avec un nœud gris de perle à son épée!

Il fallait savoir aussi comment se terminerait la grande querelle, si intéressante et si pathétique, de madame la marquise avec la maîtresse de monsieur le marquis. La marquise, fille des Croisés! La maîtresse, fille d'Opéra! Cette fille devait effrontément tenir la chaussée dans un équipage de six mille louis! On se demandait si la dévotion de madame la marquise irait jusqu'à lui faire pardonner cette scandaleuse bravade! Ou même si monsieur le lieutenant de police n'aurait point la galanterie de faire arrêter l'audacieuse fille d'Opéra avant le matin de Longchamp; s'il ne l'enverrait pas se promener à Saint-Lazare dans un fiacre ignoble, — peut-être au désert d'Amérique comme Manon Lescaut, — malgré la protection de Monsieur, frère du roi, de M. de Pontchartrain, ministre du roi, de M. de Meaupou, président du roi, de M. de Miromesnil, garde des sceaux du roi.

La ville se faisait belle et parée; c'était une lutte de trains pompeux et d'attirails féeriques; les uns regardaient, les autres venaient pour être regardés : réciprocité touchante. Cela composait un spectacle si curieux, qu'on accourait de toute la France, de toute la Navarre, de tous les pays amis de la Navarre et de la France, pour assister aux œuvres et aux pompes de Longchamp.

Le croyance de Longchamp est morte avec les nonnes qui ne croyaient plus qu'aux caquetages de Vert-Vert. La promenade est à peine restée; et encore elle a quitté la fameuse allée du Cours-la-Reine pour courir les buissons; elle se noie dans la Mare-aux-Biches et dans le Fossé-des-Petits-Crevés.

Quand on eut débité beaucoup de paradoxes, Monjoyeux lut tout haut dans un journal un sonnet sur Longchamp.

— Voulez-vous une sornette sur Longchamp? demanda-t-il à Violette. On met encore des sonnets partout où il y a des femmes :

On nous dit qu'il s'en va par la grande avenue,
Le beau temps de Lonchamp, de l'esprit, de l'amour!
Le char de la Guimard et de la Pompadour,
Il part, il est parti pour la rive inconnue !

L'illustre Cours-la-Reine, où si belle et si nue
L'Ève du Directoire allait avec sa cour,
Récamier ni Tallien n'en feront plus le tour.
La grâce et la beauté remontent dans la nue!

Cet âge était si beau qu'on croit l'avoir rêvé;
La vie était d'azur, de pourpre et de dentelle,
Pour horizon Lonchamp, Madrid et Bagatelle.

Aujourd'hui Richelieu n'est qu'un petit crevé,
Et la chaise à porteurs de Marie-Antoinette
N'est plus qu'un huit-ressorts de la Pochardinette.

— Le sonnet est drôle, dit Bérangère, mais j'aime mieux *Sornette*.

Cependant on discutait des chances de la course, on pariait gros jeu, qui pour lord Sommerson, qui pour le comte de La Grange, qui pour le major Fridolin, qui pour M. de Montgomery.

Comme toujours, lord Sommerson ne se montrait qu'en courant. Violette avait remarqué plus d'une fois qu'il était insaisissable le jour, comme si le soleil lui donnait la danse de saint Guy.

Et pourtant il vint droit à elle et lui proposa de parier contre lui.

— C'est presque un grand prix, lui dit-il, si je le gagne, vous le gagnerez.

— Je n'aime pas l'argent, lui dit-elle, faites-moi gagner autre chose.

— Eh bien ! je mets mon âme dans l'enjeu. Si vous croyez à mon âme, je vous l'abandonne et vous en ferez ce que bon vous semblera.

— Traduction libre : une discrétion.

Lord Sommerson voulut rappeler le bal de l'Opéra, mais Violette sembla ne pas s'en souvenir, comme si elle eût arraché cette page brûlante.

On courut le prix. On sait qu'aujourd'hui les chevaux sont les comédiens les plus applaudis du monde civilisé ; les courses c'est le vrai théâtre, le turf c'est la scène, le pesage c'est les coulisses. La comédie a ses péripéties, ses gaietés et ses entr'actes. Si mademoiselle Rachel vivait encore, elle ne jouerait plus la tragédie, elle ferait courir ses chevaux sous le nom de Bajazet, Roxane, Britannicus, Andromaque. Elle se mettrait à la mode en transformant son salon en écurie.

Ce fut lord Sommerson qui gagna le prix. Des hourras retentirent depuis le champ de courses jusqu'à l'arc de triomphe.

— J'ai gagné, dit Violette ; mais avec cet homme-là qui gagne perd.

Elle s'en revint plus triste encore qu'elle n'était en allant aux courses. Elle sentait que ce n'était pas là sa vie ; elle avait horreur de ce tapage et de cet éclat. Elle qui trouvait que déjà on était trop en scène dans un salon, elle était effrayée de jouer un rôle dans ce théâtre en plein vent qui s'appelle les courses. Elle aimait bien mieux rêver et méditer dans les solitudes. Elle n'avait jamais eu une heure de coquetterie, si ce n'est la coquetterie du sacrifice. Elle s'habillait toujours bien, parce que c'était toujours dans sa nature d'habiller sa robe quand sa robe ne l'habillait pas, mais elle ne posait jamais. Que lui faisait l'admiration de tout le monde à cette amoureuse qui cherchait l'ombre et le silence?

Elle avait hâte de retourner au château de Parisis. Mais, quel que fût l'attrait, du souvenir d'Octave, elle subissait malgré elle le charme de lord Sommerson bien plus qu'elle n'avait subi celui de Santa-Cruz.

II.

A travers la passion

Le lendemain, Violette reçut ce billet :

Ma chère inconnue,

Je vous ai trouvée si belle hier aux courses qu'il n'est pas impossible que vous vous souveniez de moi, d'autant que je vous ai emportée toute vive en Angleterre. Si je vivais des siècles je ne vous oublierais pas, vous m'avez pris par l'âme comme par les lèvres, votre voix chante toujours à mon oreille. Je vous aime sans le vouloir.

Je suis venu à Paris pour mes chevaux et pour une affaire d'honneur. Vous savez qu'on ne se bat pas en Angleterre, le pays par excellence des préjugés.

Une dame de mes amies, à cette heure loin de Paris, m'a donné la clef de son petit hôtel, rue Lord-Byron, n° 12. Je vous attendrai demain toute la journée sans trop désespérer de vous voir venir. Je veux me jeter à vos pieds et vous demander ma grâce.

Sommerson.

Violette relut trois fois cette lettre, tout en se demandant si elle se hasarderait dans le petit hôtel.

Elle ignorait que ce fût l'hôtel du Plaisir-Mesdames, dont on avait beaucoup parlé, grâce à une expression de Monjoyeux.

Bérangère vint la voir dans la journée.

— Est-ce que vous avez jamais passé par la rue Lord-Byron, lui demanda Violette.

— Souvent. C'est presque le nouveau monde dans Paris, car il n'y a que des Américaines. Vous savez bien que la comtesse de Montmartel a son jardin rue Lord-Byron. Je me trompe; c'est le jardin de la Charmeuse ou plutôt le jardin de ses amoureux nocturnes.

— C'est rue Lord-Byron que Léopold Le Hon a son hôtel, pareillement le prince de Capoue. J'oubliais : c'est aussi rue Lord-Byron que quelques-unes de ces dames ont institué un cercle dont j'ai failli être.

Violette se souvint qu'on lui avait parlé de ce rendez-vous de femmes du monde.

— Savez-vous le numéro ?

— Oui, c'est le numéro 12. Une grille, un jardinet, un frêne pleureur. Je vois cela d'ici.

Violette fut jalouse : il lui sembla que lord Sommerson était comme un loup dans la bergerie.

Jusque-là elle n'était pas décidée à aller voir le marquis, mais elle se dit tout bas : J'irai !

Elle attendit la brune, comme si c'eût été une mauvaise action de s'aventurer dans l'hôtel du Plaisir-Mesdames. Ou plutôt c'est parce qu'elle rougissait d'obéir à son cœur. Le souvenir de cet homme la troublait et dominait sa volonté.

Quand elle arriva devant la grille elle ne se sentit pas la force de sonner, mais la peur d'être reconnue réveilla sa main. Elle sonna.

Le négrillon vint ouvrir. Elle était attendue, car le négrillon se détourna silencieusement sans lui demander son nom.

Elle monta le perron avec de rudes battements de cœur. Elle franchit le seuil, elle traversa l'antichambre, elle s'arrêta au milieu du salon, surprise de ne voir personne.

La nuit était presque venue, mais on distinguait encore une figure vivante d'un portrait.

Violette fit encore quelques pas. Elle se trouva devant l'escalier d'une petite serre, où fumait lord Sommerson, qui n'avait pas entendu sonner. Il ne fut averti de la présence de Violette que par les jappements d'un petit griffon écossais qui montrait les dents, même aux plus belles créatures.

— Robinson! s'écria le marquis, qu'est-ce que c'est que cela? Je vous condamne au pain et à l'eau.

Tout en parlant ainsi, lord Sommerson avait franchi d'un seul bond les quatre marches de la serre pour prendre Violette dans ses bras.

On voyait que c'était sa manière de saluer les femmes.

— Comme votre cœur bat! lui dit-il. C'est donc bien effrayant de venir ici?

— Oui, lui dit-elle, c'est effrayant, parce que je vous aime et que vous ne m'aimez pas.

— Je ne vous aime pas!

Le marquis était tombé avec Violette sur un canapé. Il lui prit la tête dans les mains et la baisa avec passion depuis les cheveux jusqu'au cou, comme si vingt baisers n'en devaient faire qu'un.

— Comme je m'ennuyais! comme je me sentais seul depuis ce bal de l'Opéra!

Et le marquis embrassait encore Violette.

Devant cette éloquence, elle ne trouvait rien à dire. Elle le regardait. Plus elle le voyait, plus il lui rappelait Parisis, mais elle était choquée de son accent anglais. Les mots passionnés perdaient de leur force; quoiqu'elle fût prise au cœur, elle avait envie de rire à certaines expressions. Lord Sommerson commençait même çà et là ses phrases en anglais.

Violette fit cette réflexion qu'après tout l'amour parlerait hébreu qu'il se ferait comprendre, parce que l'amour ne se croise pas les bras : il a le génie de la pantomime.

— Mon bel ami, dit-elle au marquis, vous vous imaginez peut-être que je suis venue ici, emportée par ma passion, pour me laisser reprendre à vos magies ou à vos malices? Mais je suis venue voir un ami et non un amant. J'ai fait une rude pénitence des heures de folie que vous m'avez imposées dans les fumées du vin de Champagne. Je n'en boirai plus jamais quand je serai avec vous.

— Madame, je suis de trop bonne compagnie pour vouloir vous aimer malgré vous. J'ai voulu vous dire que de toutes les femmes de Paris vous étiez la seule qui me fût restée au cœur. Et pourtant, je vous ai bien peu vue !

Il regardait Violette, presque invisible dans le demi-jour, à travers son voile qu'il avait deux fois relevé.

— Comme un rayon de soleil ferait bien sur cette figure.

— Vous croyez? Eh bien! vous vous trompez. Je suis, comme on dit, une élégie en longs habits de deuil. Pour les femmes qui pleurent, les années comptent double. J'ai déjà vingt-trois ans d'après le calendrier, mais d'après mon miroir j'en ai vingt-huit.

Lord Sommerson fit jaillir la lumière d'une allumette.

Si Violette avait eu vingt-huit ans, elle eût peut-être soufflé sur l'allumette, mais comme elle n'avait que vingt-trois ans, elle permit au marquis d'allumer un candélabre à trois branches.

Elle remarqua que dès qu'il eût allumé les trois bougies il en éteignit une, comme si la troisième dût lui porter malheur.

— Vous êtes donc superstitieux? lui dit-elle.

— Comme un enfant; je crois aux contes de fées, je crois aux sortiléges, je crois au diable; si je croyais à Dieu, je croirais à tout.

— C'est étrange, dit Violette, comme vous ressemblez à un de mes amis! Avez-vous ouï parler du duc de Parisis?

— Comment donc! Je l'ai connu; nous vivions tous les ans huit jours ensemble au moment des courses d'Epsom. Ah! c'était l'archiparisien celui-là; il donnait des leçons de savoir-vivre. Depuis Brummel, on n'avait pas vu un homme si merveilleux.

— C'est donc pour cela que vous lui ressemblez.

— Oui, je me suis évertué à le copier jusque dans ses excentricités. Je l'ai trop peu vu, mais j'ai vu beaucoup de femmes qui ont vécu avec lui et qui ont vécu avec moi. C'est par là que j'ai repris la tradition.

Violette remarqua alors que lord Sommerson ne la regardait pas seulement en amoureux; il semblait l'étudier en philosophe.

Mais pourtant c'était de l'amour qui tombait de ses yeux profonds et lumineux.

Comme elle détournait les siens, elle les porta sur un des quatre portraits de femmes accrochés dans le salon.

— Mais je connais cette femme-là, dit-elle.

Elle chercha bien.

— Je ne la connais pas, dit lord Sommerson, mais je l'aime rien qu'à voir son portrait.

Violette chercha encore.

— C'est la comtesse d'Entraygues, dit-elle.

Une grande émotion l'avait saisie. Une larme tomba de ses yeux.

Et elle ajouta :

— Une de mes rivales; car, je ne cache rien de ma vie : j'ai aimé le duc de Parisis.

— Pardieu! dit le marquis, je le savais bien! Chaque fois que je rencontre une Parisienne un peu affolée, je reconnais tout de suite la marque de mon ami. Il a donné le diable aux femmes.

— Dites-moi, que fait donc ici ce portrait ?

— Je n'en sais rien. La pauvre femme est morte, mais son âme est là. Pourquoi ne me demandez-vous pas ce que les autres portraits font dans ce salon ?

Violette regarda le portrait qui était de l'autre côté de la cheminée.

— Mais c'est encore une de mes rivales, dit-elle, c'est madame de Campagnac.

— Je ne sais pas bien son nom, dit le marquis d'un air insouciant. Je la trouve très belle, un grand air qui cache la passion, mais si on regarde bien on voit le feu sous la neige.

Violette avait déjà regardé les deux autres femmes.

— Je ne connais pas celle-ci, dit-elle en montrant la troisième.

C'était la Femme de Neige.

La Femme de Neige ! On l'a vue apparaître à Paris, où elle avait juré de ne laisser tomber que son dédain ; mais elle avait passé sur le chemin d'Octave de Parisis ; elle avait subi le charme ; elle avait tout oublié dans ses bras.

C'était la plus belle et la plus fière des Norvégiennes, la comtesse Ève de Thorshawen. Elle était née voyageuse, elle était née romanesque.

— C'est donc une de vos amies ? demanda-t-elle à lord Sommerson.

— C'est la maîtresse de céans !

— C'est la vôtre ?

— J'aime trop toutes les femmes pour avoir une maîtresse ; si j'avais une maîtresse, ce serait vous, Violette.

Le portrait de Violette elle-même était là.

Le marquis la prit par la ceinture, pour la conduire devant son image. C'était, comme les autres, un portrait fort ressemblant et fort beau.

— La connaissez-vous ? reprit le marquis.

— Non, dit-elle, toute rougissante, je ne la connais pas.

Elle était toujours fort émue. Elle ne comprenait rien à ces portraits qui jouaient aux quatre coins. Pourquoi elle-même était-elle là ?

— N'est-ce pas que vous êtes belle ? dit lord Sommerson.

— C'est la comédie des portraits, dit Violette. Qui donc nous a toutes peintes ainsi ?

— Que vous dirai-je ! Je ne suis pas chez moi. On a aujourd'hui des portraits comme on a des joujoux.

— Mais qui donc s'avise de me peindre sans ma permission ?

— Ma foi, les portraits ne sont pas signés, mais ils sont de la même main. Il n'est pas douteux que ce sont là des portraits faits d'après des photographies, comme on fait aujourd'hui des Gréuzes d'après des gravures. Ne m'en demandez pas davantage : je ne sais rien de ce qui se passe ici.

Violette regardait toujours son portrait :

— Vous savez que si je ne me trouvais pas si jolie dans cette peinture, je déchirerais la toile avec ce petit poignard d'or que je vois là.

Qu'est-ce donc que cet hôtel qui est presque un scandale pour Paris? Vous m'avez ensorcelée pour m'y faire venir.

— Je vous avoue que je ne sais pas, répondit lord Sommerson d'un air dégagé. C'est par hasard si la clef m'est tombée dans les mains. C'est le secret d'une femme, je ne vous le dirai pas.

— Mais à qui donc appartient cet hôtel?

Lord Sommerson montra le portrait de la Femme de Neige.

— Voilà! dit-il. C'est une grande dame norvégienne qui a toujours la nostalgie de la neige. Voilà pourquoi elle est repartie pour le Nord. Je crois que si elle a accroché ici ces autres portraits, c'est qu'elle a trouvé dans ces figures l'idéal de la beauté comme elle la comprend. Quelle est celle que vous aimez le mieux dans ces quatre femmes?

Violette montra madame d'Entraygues.

— Celle que j'ai le plus haïe, dit-elle tristement.

III

Violette oublie de s'en aller

Une heure s'était passée, Violette avait raconté à Sommerson, qui la savait bien, l'histoire de ce bal masqué où quatre grandes dames s'étaient déguisées en dame de cœur, dame de pique, dame de trèfle et dame de carreau.

— Il en manque deux ici, dit-elle en soupirant.

Elle pensait à Geneviève.

— Ne parlons pas des tombeaux, dit le marquis en pâlissant.

Violette tendit la main au marquis.

— Non! non! dit-il. Quand la porte s'ouvre ici elle se referme pour tout un jour. Vous ne me connaissez pas encore, j'ai voulu que le bonheur fût quelque part, il est ici. A une condition pourtant.

— Laquelle ?

— C'est qu'on soit entré dans cette maison avec un peu d'amour au cœur.

Violette regarda lord Sommerson comme pour voir s'il était sérieux.

— Mais je suppose, dit-elle, que si vous avez ici un peu d'amour au cœur, c'est pour cette belle dame que je ne connais pas.

Et Violette montra la Femme de Neige.

— Remarquez, continua-t-elle, que vous n'êtes pas chez vous et que je ne suis pas chez moi.

Lord Sommerson prit doucement la main de Violette :

— Rassurez-vous, nous ne sommes pas ici chez la Femme de Neige, nous sommes chez moi, donc nous sommes chez vous. J'ai pris ce petit hôtel pour les rares jours que je viens passer à Paris. J'aime la vie à deux, nous sommes ici en plein Paris, mais dans la solitude absolue. Nul ne nous voit, nul ne nous entend, nul ne nous devine. Après avoir traversé toutes les péripéties des passions, j'ai reconnu que les amours à perte de vue étaient des folies du moyen âge. Vivre au jour le jour, voilà la sagesse. Un jour c'est un siècle, si on sait bien compter les heures. Jugez, ma chère Violette, s'il n'y a pas toute une phase de bonheur dans une seconde.

Disant ces mots le marquis embrassa doucement Violette, — si doucement, — si doucement, qu'elle fut enivrée comme la nuit du bal de l'Opéra.

— Le bonheur, c'est donc un souvenir? dit-elle en penchant la tête sur le sein du marquis.

— Voyez-vous, on a la bêtise de tout remettre au lendemain. Les amoureux qui ne cueillent pas l'amour au passage sont comme ces avares qui laissent tomber au vent ou brûler au soleil le fruit des espaliers. Ou encore comme ces hommes d'affaires qui font leur fortune pour vivre riches quand ils seront morts.

— C'est effrayant, dit Violette, comme vous avez pris les principes d'Octave de Parisis.

— Oui, dit négligemment Sommerson, comme s'il n'avait pas trop entendu résonner cet éternel nom de Parisis; oui, je suis aussi sage que lui. Oui, le grand art de tous ceux qui savent vivre c'est de vivre à argent comptant. Par exemple, je veux vous montrer la pratique de ma théorie. Nous allons dîner ensemble, un dîner d'amoureux s'il en fut. Après quoi les causeries et les songeries au coin du feu ou au milieu des fleurs de la serre. Après quoi le sommeil de deux amants qui ne se sont guères vus et qui ne se reverront peut-être jamais. Toutes les symphonies nocturnes de la passion en *fa* dièze ou en *mi* bémol, comme il vous plaira, la gamme ascendante ou descendante, l'*ut* de poitrine ou le brio des lèvres. Le matin on se réveille si on a dormi, on jure qu'on s'aimera toujours. N'a-t-on pas encore des heures devant soi? Mais pourquoi vous parler de demain?

Lord Sommerson aurait pu ajouter ceci ou à peu près :

On descend pour déjeuner, s'appuyant l'un sur l'autre comme si on ne faisait qu'un. La raillerie court sur la nappe après le sentiment, on répand le grain de sel de la philosophie. On s'est tant aimé qu'on s'aimera peut-être encore, mais on commence à comprendre que l'amour n'est qu'une station. Vient l'heure de la séparation, on est triste, mais ne serait-on pas plus triste si on restait ensemble ? Chaque amoureux garde une gerbe toute embaumée de souvenirs. On n'a pas eu le temps de se trouver imparfait, on est parti sur le navire doré, on a mis voiles dehors toutes ses coquetteries et toutes ses séductions ; on restera ravi l'un de l'autre. Si on se retrouve ce sera avec une vraie joie.

— Tout ce que vous chantez là est fort beau, dit Violette, mais vous parlez comme un homme qui n'a que des fantaisies et vous me prenez pour une femme qui n'a que des caprices.

— Ma chère Violette, les grandes passions me font peur. Il faut n'avoir pas aimé une seule fois pour comprendre que la vie c'est la métamorphose. Les amants qui s'obstinent finissent toujours par s'enfuir épouvantés l'un de l'autre.

Violette repoussa le marquis en lui disant :

— Vous n'aimez pas l'amour, vous n'aimez que le plaisir.

Et, à son tour, elle lui expliqua sa théorie.

— Le monde est un mauvais lieu, une auberge mal hantée, une forêt infestée de brigands, un chemin où saignent les pieds sur les pierres. Le seul refuge, c'est l'amour, la seule espérance, c'est le ciel. Si on rencontre un compagnon de voyage, si deux cœurs se prennent au même rêve, il faut qu'ils vivent dans la même chimère. Vous humiliez l'amour jusqu'à le faire corporel, l'amour est la source vive de l'âme, voilà pourquoi il est intarissable. Qu'est-ce que le corps? Une guenille qu'on accroche à un clou pour partir vers un nouveau monde.

Lord Sommerson prit Violette dans ses bras.

— Guenille si l'on veut, ta guenille m'est chère.

— Vous riez et je suis sérieuse, reprit Violette. J'ai tenté, mais vainement, de me mettre au diapason des belles de jour et des belles de nuit, j'ai la bêtise d'être tendre jusqu'à en pleurer.

Le marquis jura qu'il était l'homme le plus sentimental du monde. Il comprenait toutes les aspirations de l'âme et tous les battements du cœur. Il était de bonne foi dans ses passions d'un jour ; il aimait d'autant plus, qu'il savait la cherté du temps. Pour lui, l'amour était l'expression du fini et de l'infini, c'était le corps et l'âme, le cœur et les lèvres, le rêve et l'action.

Le petit négrillon entra pour avertir que le dîner était servi. Le marquis offrit son poing comme Louis XIV à mademoiselle de La Vallière.

On passa dans une petite salle à manger en ébène, revêtue de tapisserie des Gobelins, représentant quatre paysanneries de Watteau. Un lustre hollandais du seizième siècle répandait sur la table la lumière de vingt-quatre bougies. La table était un champ de roses et le cristal éclatait comme le diamant devant un service de Saxe du dix-huitième siècle.

Je ne dirai pas le menu, quoique je le connaisse bien ; on commença par un potage à la tortue, on finit par des truffes en robe de chambre. On ne servit que trois vins, le Château d'Yquem, le vin de Champagne et le Johannisberg, trois vins jaseurs s'il en fut, trois vins amoureux par excellence : ils chassent le sommeil.

Violette semblait braver tous ces artifices. Elle disait gaiement à lord Sommerson :

— Vous vous imaginez que ce sont là des attaches et que je n'aurai pas la force de m'en aller tout à l'heure, mais vous verrez bien!

En effet, elle n'avait accepté à dîner que pour étudier de plus près cet étrange amoureux, mais son idée bien arrêtée était de s'envoler au dessert.

Or le dessert se prolongea jusqu'à dix heures. Le marquis était éblouissant, il parlait de tout en philosophe et en homme d'esprit. Violette était toujours irritée par son accent anglais, mais elle se disait que peut-être cet accent donnait plus d'expression à son originalité. Il lui contait mille et une histoires de sa vie à Londres et en Écosse. Elle pensait que les aventures galantes sont les mêmes en Angleterre qu'en France. Elle le fit remarquer au marquis, mais comme il aimait le paradoxe, il voulut lui prouver que l'amour a une tout autre saveur au delà des frontières de chaque pays. Il fit rapidement une histoire des races au point de vue de l'art et des passions. Saint-Victor, Taine, Henry Houssaye n'eussent pas mieux dit. Violette était plus une âme qu'un corps, elle ne croyait qu'au magnétisme de l'esprit. Lord Sommerson acheva de lui tourner la tête par l'éclat de son intelligence. Elle se retrouvait dans les grands horizons d'Octave de Parisis.

Il faut bien dire que, tout en parlant, le marquis, qui s'était approché bien près de Violette, jouait avec ses mains, tourmentait ses cheveux, effeuillait les roses sur son sein et lui baisait l'oreille pour être mieux compris.

Voilà pourquoi Violette oublia de s'en aller.

On revint au salon. Elle se mit au piano, et, comme elle était doucement surexcitée et qu'elle avait soif de sentimentalisme, elle se versa de ses belles mains toutes les mélodies de Schubert.

Lord Sommerson n'était pas fou de cette musique éplorée, mais Violette lui donnait son âme.

— Je ne vous savais pas si bonne musicienne, lui dit-il.

— Oh! je ne suis pas bonne musicienne, répondit-elle; je ne sais jouer que ce que j'aime.

Le négrillon, la seule personne visible de cet hôtel mystérieux, apporta le thé. C'était un tête-à-tête japonais du plus petit format; les deux tasses eussent tenu dans une mandarine. Mais quel thé divin! C'était une source d'or qui tombait de la théière. Et quelle senteur suave et pénétrante! Jamais les tours de porcelaine du palais n'ont été plus doucement parfumées.

— En France, dit lord Sommerson, on ne connaît pas le thé, on en prend quand on est malade, mais c'est du thé d'occasion qui n'a ni saveur ni vertu. Vous verrez celui-ci comme il est bon : il ne faut qu'y tremper les lèvres pour y trouver la poésie orientale.

Disant ces mots, lord Sommerson leva une tasse sous la bouche de Violette. La tasse était bien petite pour y boire à deux, — et pourtant — leurs lèvres s'y rencontrèrent.

Violette eut un vague sentiment de jalousie. Elle savait l'histoire de la tasse de thé chez madame d'Entraygues. Ce fut bien pis quand tout à coup le marquis brisa la tasse japonaise en disant que jamais d'autres n'y boiraient. Violette le regarda face à face comme si Parisis lui-même lui parlât.

— C'est une vieille coutume anglaise, dit lord Sommerson. En France tout le monde boit dans le même verre, on y cherche des secrets; mais en Angleterre nous suivons la légende du roi de Thulé.

Le marquis avait vu pleurer Violette.

— Pourquoi cette émotion subite?

— C'est que le thé était bon, dit Violette pour cacher sa pensée.

Et comme elle disait toujours tout :

— C'est que je me suis rappelé l'histoire d'une amie.

Elle raconta l'histoire de Parisis avec madame d'Entraygues, regardant toujours lord Sommerson, comme si elle pensât que ce pût être son cousin Octave.

— Je savais cette histoire, dit le marquis quand elle eut fini. Je vous ai laissé dire parce que vous contez bien, parce que vous donnez aux figures et aux choses une grâce touchante qui me séduit.

Violette était debout.

— Vous ne connaissez pas encore tous les détours de ce petit labyrinthe, dit le marquis en l'entraînant.

Il la conduisit à l'escalier. Comme elle refusait de monter il la prit dans ses bras et monta les vingt marches comme s'il eût porté un enfant. Et pourtant Violette n'était pas une plume au vent, quoiqu'elle fût svelte et mince.

Il la posa doucement sur la chaise longue d'une chambre à coucher tendue de damas rouge à larges plis. Un grand lit Louis XVI, or et blanc, occupait le milieu sous un dais drapé à l'italienne.

— Vous voyez, madame, lui dit-il, que c'est un vrai lit d'amoureux, on peut s'y perdre et s'y retrouver. S'il vous faut une femme de chambre pour vous déshabiller, parlez, je suis là. S'il faut que j'aille méditer une demi-heure avec Newton, j'ai ma bibliothèque à côté, je m'y résignerai.

Je crois que ce ne fut pas Newton que feuilleta ce soir-là lord Sommerson.

Le lendemain, vers dix heures, le négrillon apporta le chocolat à Violette qui fut quelque peu surprise de se trouver seule. Ce n'était pas dans le programme.

Elle ne s'était endormie que bien tard, à l'aube peut-être ; elle avait savouré le sommeil des rêves d'or. Mais pourquoi ce réveil dans la solitude ?

— Où est donc le marquis ? demanda-t-elle au négrillon.

— Il est dans sa bibliothèque.

Dès que le négrillon fut sorti, Violette se glissa sur le tapis et se hasarda dans la bibliothèque. Elle était plus nue que la Vérité, puisqu'elle avait sa chemise ; mais n'avait-elle pas toujours les divines attitudes de la chasteté ?

Elle fut frappée du grand sentiment de tristesse empreint sur la figure de lord Sommerson. Il tenait un livre, mais on voyait qu'il lisait en lui-même le livre de sa vie.

Violette remarqua avec surprise qu'un second portrait de la Femme de Neige était suspendu en face du marquis.

— Ce n'est pas moi qui suis là, dit tristement Violette, c'est cette femme.

Le marquis ferma son livre pour saisir Violette, mais elle avait déjà rebroussé chemin.

Lord Sommerson la retrouva couchée.

— Mauvais compagnon de voyage! On se réveille en route et vous n'êtes pas là.

— Je vous avouerai que j'ai deux passions maintenant : les femmes et les livres. Ces deux passions m'apprennent tous les jours quelque chose. Je suis revenu de toutes les ambitions. Je ne vis plus que par curiosité.

— Vous vivez dans l'amour de la Femme de Neige.

Il l'embrassa doucement :

— Si je pouvais mettre mon cœur dans votre main vous auriez mon secret. Mais ne parlons ni du passé ni de l'avenir, cette journée est à nous : je vous aime, aimez-moi.

Nous ne suivrons pas tous les méandres de cette causerie toute sentimentale. Nous ne nous attarderons pas non plus au déjeuner, qui fut gai et charmant. On passa l'après-midi dans la serre, on lut un peu, on parla beaucoup. Violette était enchantée, mais un sentiment de tristesse transperçait. Elle avait beau se sentir heureuse, elle se disait que son bonheur n'était plus de ce monde. Qui sait si lord Sommerson n'en disait pas autant?

Quand elle vit venir le soir, elle fut la première à songer au départ.

— Adieu, dit-elle tout à coup.

Elle demanda son chapeau et ses gants.

— Non, demain, dit lord Sommerson. Hier je me suis trompé d'un jour. Il y a décidément des femmes qui n'ont pas tout dit en vingt-quatre heures.

Violette mit la main sur la bouche de l'amoureux.

— Adieu! Je croyais n'être que la rivale de toutes les femmes, mais je sens qu'il y en a une qui vous aime. Adieu!

— Encore une heure!

Lord Sommerson était suppliant.

— Non, si je restais une heure je resterais un jour, je resterais toujours.

— Eh bien! restez une heure, restez un jour, restez toujours.

Violette regarda doucement le marquis :

— Non, parce qu'il ne faut être que deux de jeu. Je sens venir la Femme de Neige.

Violette se dégagea des bras de lord Sommerson et elle s'échappa avec la légèreté d'une hirondelle.

— Elle reviendra, murmura le marquis en lui tendant les bras.

Et lui parlant tout haut :

— Laissez-moi au moins vous conduire ou envoyer chercher ma voiture.

Il rejoignit Violette à la grille.

— Non ! non ! dit-elle, je veux courir une heure au grand air.

Elle tendit la main et elle s'éloigna sans détourner la tête.

— Quel malheur ! dit-elle en descendant la rue de Balzac ; je sens que j'aime cet homme et que je ne suis plus digne d'aimer le souvenir d'Octave.

Elle était effrayée de cette nouvelle chute. Comment avait-elle pu retomber ainsi dans l'ivresse du bal de l'Opéra ?

Elle marcha jusqu'à la place de la Concorde. Il y avait encore des promeneurs. On la regardait passer penchée et rapide en disant :

— Celle-là va à un rendez-vous.

Elle n'allait pas à un rendez-vous, elle se fuyait elle-même.

IV

La blonde et la brune.

Ce fut encore une émotion profonde dans la vie de Violette. Elle s'était imaginé qu'elle était désormais à l'abri des tempêtes, elle croyait pouvoir braver toutes les secousses en se réfugiant dans ses douleurs passées. Elle avait sa Sainte-Baume comme la Madeleine, elle s'y enfermait tristement la main sur le cœur, l'esprit au ciel, ne voulant plus rien donner au monde, quelles que fussent les tentations.

Mais on a beau se mettre en garde contre le lendemain, on a beau s'attacher à sa volonté, on a beau fuir l'espérance pour le souvenir : la vie dans son imprévu, dans son action, dans son emportement, est plus forte que l'âme. Nul n'échappe à sa destinée, nul ne dit à sa passion : Tu n'iras pas plus loin.

Voilà pourquoi Violette, qui avait cru d'abord s'éterniser dans son premier rêve, avait vu s'éclipser l'image d'Octave de Parisis sous la figure de Santa-Cruz. Ce n'avait été qu'une éclipse, mais enfin Santa-Cruz avait marqué en elle un souvenir impérissable. Elle était revenue avec plus de force à son premier amour, elle avait juré encore une fois de vivre jusqu'à la mort dans le rêve de sa vingtième année; mais malgré elle, dans une heure de folie, elle était tombée sous les séductions de lord Sommerson. Revenue à elle, elle se demandait pourquoi cette folie? Comment sa raison l'avait-elle trahie si vite? D'où venait cet ensorcellement inouï?

En cherchant bien, elle croyait trouver. Si elle s'était d'abord bercée dans les douceurs platoniques avec Santa-Cruz, c'est parce qu'elle retrouvait en lui je ne sais quoi du duc de Parisis : c'était donc son premier amant qu'elle aimait dans le grand d'Espagne. Si lord Sommerson avait jeté en elle un trouble profond, s'il avait ravivé dans son âme toutes les soifs de l'amour, c'était encore par certaines ressemblances avec le duc de Parisis. C'était la voix, c'était le regard, c'était l'air de tête, quoique les deux têtes offrissent plus d'un contraste.

L'amour est bon prince et s'accommode de tout. Violette finit par se persuader que si elle n'avait aimé chez Santa-Cruz, que si elle n'aimait chez lord Sommerson que ce qui lui rappelait Parisis, elle n'était pas infidèle à sa passion. Beaucoup de femmes sont ainsi, c'est la loi du cœur; on prend le second volume du roman parce qu'on a lu le premier. Au fond, n'est-ce pas toujours la même histoire? Et puis aimer un autre amant c'est aimer l'amour, pour les âmes d'une certaine paroisse l'amour est tout, l'amant n'est rien.

Violette trouvait donc une raison jésuitique pour se pardonner ses variations sur le même motif.

Elle avait emporté une carte photographique de lord Sommerson. Le lendemain elle s'était amusée à comparer ce portrait avec celui de Santa-Cruz et celui de Parisis. Tous les trois faisaient bonne figure; on ne pouvait reprocher à Violette d'avoir mésallié son cœur. Elle se complut d'abord elle-même à ce spectacle, mais tout à coup elle se révolta à l'idée qu'elle avait pu aimer trois hommes. Elle faillit jeter au feu les deux derniers; elle les retint dans ses mains parce qu'elle retomba dans cette illusion qu'elle n'avait aimé ceux-là que par amour du premier.

Et pour se prouver qu'elle était de bonne foi elle reprit la photographie de Parisis et l'embrassa à perte de lèvres, en se disant : « Je n'ai embrassé ni l'Espagnol ni l'Anglais. » Mais elle oubliait que si lord Sommerson, le seul vivant des trois, se fût trouvé là, elle se serait bien vite jetée dans ses bras.

Pourquoi demander de la logique à la femme, à l'amour, à la passion, quand les plus grands philosophes n'en ont pas dans leur vie?

Violette s'était juré de ne jamais retourner rue Lord-Byron, quels que fussent les appels de son étrange amoureux. D'où vient qu'elle passait souvent par la rue Balzac sans avoir rien à faire par là? Si Hélène, Éva ou Bérangère l'eussent alors rencontrée, elles se fussent aperçues de sa pâleur et de son agitation. Dans ses pèlerinages cachés, elle marchait vite, toute voilée, sans détourner la tête. Elle s'avouait coupable, mais elle ne pouvait résister à ce vague désir de rencontrer le marquis de Sommerson. Quoiqu'elle passât rapidement devant la rue Lord-Byron, elle prenait le temps de regarder la porte du numéro 12.

Un soir elle y reconnut madame de Montmartel qui vint de son côté, la reconnaissant aussi.

— Vous avez beau vous voiler, ma chère Violette, le roseau trahit chez vous la femme, pas une ne marche aussi bien que vous. Quand je vous vois, il me semble que je vois passer une symphonie.

Si madame de Montmartel eût mis la main sur le cœur de Violette elle aurait senti de bien vifs battements.

— Vous êtes chez vous? dit-elle à la comtesse.

Violette parlait sans arrière-pensée, elle savait que le jardin de la comtesse donnait rue Lord-Byron; elle ne voulait pas dire qu'elle était chez elle au numéro 12; mais madame de Montmartel crut que c'était une pierre dans son jardin.

— Il serait plus juste, ma belle amie, de dire que nous sommes chez nous. Et encore moi je n'y suis que d'une patte, tandis que vous, vous y êtes des deux pieds, si ma seconde vue ne me trompe pas.

— Je ne comprends pas, dit Violette.

— Allons donc! vous êtes l'âme de cette maison; le marquis vous adore, j'y ai vu votre portrait.

Violette aurait bien voulu questionner Hélène.

— Il paraît, dit-elle, se remettant un peu, que si j'y suis en peinture vous y êtes quelquefois en chair et en os.

— Vous savez, la curiosité c'est le huitième péché mortel. Je passe ma vie à tous les spectacles sans vouloir jamais entrer en scène, je savoure toutes les folies avec la sagesse d'un stoïcien. Et la plus sage des deux ce n'est pas moi, Violette, c'est vous. Vous aurez beau faire, on vous prendra toujours pour une sainte, tandis que moi, une immaculée, on me surnomme Messaline. Et pourtant Dieu m'est témoin que si j'aime l'amour je n'aime pas les hommes.

Disant cela, madame de Montmartel, sous prétexte de dire adieu à Violette, l'embrassa si tendrement, si tendrement, si tendrement, que Violette se dit, toute surprise :

— Et moi qui la croyais jalouse !

Le lendemain elle retrouva la comtesse chez Bérangère. Madame de Montmartel lui avait dénoué les cheveux et s'amusait à les lui répandre sur les joues comme pour lui chercher des expressions plus voluptueuses. Elle y mettait une douceur angélique ; jamais des mains blanches n'avaient mieux caressé des cheveux noirs.

Violette fut quelque peu surprise.

— Dieu merci, dit-elle, vous ne lui crêpez pas le chignon ! comme disent les filles.

— Voilà comme nous sommes, dit la comtesse ; c'est l'amour des cheveux blonds pour les cheveux noirs.

V

Les mystères du château

Monjoyeux fut alors forcé de retourner en Italie pour le tombeau de la duchesse de Montefalcone. Le ministre des beaux-arts lui avait d'ailleurs donné la mission d'étudier tous les marbres statuaires. Sa femme aurait bien voulu l'accompagner, mais ce n'était pas un voyage de loisir, il ne devait poser nulle part.

Violette entraîna Bérangère au château de Parisis pendant l'absence du sculpteur.

La pauvre Antonia, qui avait retardé le voyage, n'était pas libre encore. Elle menaçait même de devenir folle sérieusement.

Dès que Violette et Bérangère furent au

château de Parisis, la pâle visionnaire retomba dans ses visions.

La première nuit, elle vit passer le fantôme d'Octave. Dès qu'elle s'endormait à demi, il lui parlait, elle sentait sur son front le froid de ses lèvres, il lui semblait qu'il lui arrachait du doigt l'anneau nuptial. Il la jetait hors du lit, il l'entraînait dans le tombeau.

Quand elle se réveillait tout à fait, elle n'osait appeler Bérangère, tant elle se trouvait ridicule.

Cependant, un matin, Bérangère trouva son amie malade. Violette se jeta dans ses bras en lui disant :

— Vous me sauverez de la folie, n'est-ce pas ?

Elle lui raconta encore tout ce qui était arrivé au château, à sa première station.

— Quoi ! dit Bérangère qui était fort gaie, vous me parlez de toutes ces billevesées, par ce beau soleil qui chasse les fantômes ? S'il était minuit, à la bonne heure.

— Vous avez raison, murmura Violette, mais quand il sera minuit, vous me comprendrez. Je ne suis pas plus visionnaire que vous.

En effet, quoique Bérangère se moquât de tout, quand elles furent seules le soir et qu'elles entendirent le vent par les portes et les fenêtres comme les battements d'ailes des âmes en peine, elle demanda à Violette si elle comptait s'éterniser à Parisis.

— Que voulez-vous que j'aille faire à Paris ? dit Violette.

— Vivre ! s'écria Bérangère, ici c'est la mort.

— Vivre ! J'y meurs.

Violette n'avait dit ni à Bérangère ni à Hélène sa dernière rencontre avec lord Sommerson.

Bérangère, s'imaginant que son amie avait toujours peur de l'opinion, essaya de prouver à Violette qu'elle méconnaissait Paris.

— Paris, c'est l'oubli perpétuel; le Styx c'est la Seine. Le fleuve emporte tous les jours dans ses immondices les vertus et les crimes, toutes les passions bonnes et mauvaises de la ville aux cent portes. Le grand bruit de la veille est oublié le lendemain. Chaque jour apporte son histoire et son roman. Tout s'efface sur ce miroir qui voit tout. Tout s'efface, même le souvenir, même l'ombre. D'ailleurs, n'y a-t-il pas plus d'un monde dans ce monde universel? Ne peut-on pas se faire une compagnie dans la Chaussée-d'Antin qui ne sera pas connue des Champs-Élysées, dont on ne parlera jamais au faubourg Saint-Germain? Qui donc aujourd'hui va au fond des choses? On prend les gens pour ce qu'ils se donnent et non pour ce qu'ils sont.

— Qu'est-ce que tout cela me fait?

— Vous pouvez marcher le front haut, poursuivit Bérangère. Ce n'est pas le piédestal de marbre blanc qui rehausse à Paris, c'est le piédestal d'argent. C'est aujourd'hui surtout qu'on peut dire : « Qui est riche est maître du monde. »

Bérangère conseilla donc à Violette de revenir bien vite à Paris, de prendre sans peur et sans reproche l'hôtel de Parisis, d'y vivre sans souci de l'opinion, d'y recevoir ses amis — des deux sexes — selon son expression.

— Oh! jamais dans l'hôtel de Parisis, dit Violette, car il y reviendrait la nuit pour me reprendre ma bague.

— Voulez-vous qu'il ne revienne jamais?

C'est bien simple. Faites ouvrir le cercueil et mettez-lui la bague au doigt.

— Si je faisais cela, murmura Violette, on me trouverait morte au même instant.

Bérangère, qui était debout, fit une pirouette pour s'aguerrir et égayer Violette.

— Mais non ! mais non ! Si le cœur vous manque pour cette action, je serai là. C'est moi qui en aurais bientôt fini avec toutes ces choses du tombeau !

— Il faudra peut-être que j'en passe par là, dit Violette en regardant sa bague. Ce sera une rude expiation.

— Soyez sûre que cette bague fatale vous empêchera toujours d'être heureuse si vous ne la rendez au duc de Parisis, à moins que vous ne la jetiez au milieu de l'étang du château.

— Eh bien, j'aime mieux cela, dit Violette. Demain matin nous ferons le tour de l'étang et je jetterai la bague.

VI

La bague de Parisis jetée à un cygne noir

Le lendemain, les deux amies riaient un peu de leur frayeur nocturne. Après le déjeuner, quoiqu'il neigeât, elles hasardèrent leurs petites bottines dans la grande avenue du parc qui conduit à la pièce d'eau. Quoique on fût en avril, il avait gelé la veille et l'avant-veille; mais les cygnes, en frappant des ailes, avaient cassé la glace. Quelques morceaux surnageaient de loin en loin sans empêcher les cygnes de tracer des méandres en cherchant leur déjeuner.

— Quel malheur! dit Violette, nous avons oublié du pain.

— Eh bien! dit Bérangère, il faut jeter votre bague aux cygnes.

Violette sourit, elle détacha la bague de son doigt, elle la baisa et elle la jeta vers un beau cygne noir, qui venait à sa rencontre.

Elle avait agi comme un enfant, sans avoir réfléchi, obéissant bien plus à un caprice qu'à un sentiment. Cette action n'était pas dans sa nature, il semblait qu'elle eût pris pour un instant le caractère de sa belle amie.

— Bravo! dit Bérangère, je vous réponds que cette bague ne vous tourmentera plus.

Violette était devenue silencieuse. Elle avait suivi de l'œil sa bague, mais elle ne la voyait plus.

— Voyez donc, reprit Bérangère, comme le cygne frappe l'eau de son bec, on dirait qu'il veut avaler les trois perles de votre bague.

Les deux amies furent surprises par une averse. Elles rentrèrent au château. Le soleil perça les nues et vint jouer dans le petit salon où elles se chauffaient les pieds.

— C'est étrange! dit Violette, croiriez-vous que me voilà comme une âme en peine! Depuis que je n'ai plus cette bague au doigt, il me prend une folle envie de faire le tour de l'étang. La nuée avait passé.

— Eh bien, faisons le tour de l'étang, dit Bérangère. C'est très poétique, car cet étang serait un lac s'il n'y avait pas tant de roseaux.

Et les voilà, bras dessus, bras dessous, qui retournent vers le cygne noir.

Cette fois le cygne ne vint pas à elles. Il ramait à tire d'aile du côté du bois.

— Vous me rappelez, ma chère Violette, la légende de l'empereur Charlemagne.

— Je ne la connais pas.

— Écoutez bien :

Bérangère raconta ceci : Charlemagne avait une maîtresse, comme le premier venu; il faut bien se consoler de la gloire. Mais, hélas! la belle mourut : voilà Charlemagne inconsolable. Quand elle fut couchée dans le tombeau, il lui prit doucement sa bague au doigt et la mit au sien. Cher souvenir! divin talisman! Dès qu'il sentit l'anneau, il sentit plus que jamais l'amour. Et l'amour si violent, que le grand empereur ne s'occupa plus des choses de son empire; il ne voyait que l'image de la morte, plus vivante pour lui que toutes les femmes de la cour. C'était un amour, mais c'était une obsession. Pour s'en délivrer, il jeta la bague dans l'étang de son palais. Mais la bague était toujours l'anneau mystérieux qui étreignait son cœur. Il faisait, jour et nuit, le tour de l'étang, comme on fait le tour de l'abîme. Et en effet, ce fut l'abîme qui prit sa raison, car il en devint fou.

Bérangère baisa le front de Violette.

— Prenez garde de devenir folle. Je ne veux pas que vous fassiez le tour de l'étang.

Et elle la ramena au salon.

— Quelle variabilité dans le cœur humain ! dit Violette. Chaque heure du jour nous métamorphose un peu.

Elle se mit au piano.

— Nous avons toutes les notes gaies et toutes les notes tristes, depuis le rire jusqu'aux larmes. Il y a en nous un esprit invisible qui fait jouer nos sentiments, comme je joue des airs sur ce clavier. Et ce n'est pas nous, c'est l'esprit invisible qui impose la musique de l'âme. Nous ne sommes pas plus maîtres de nos inspirations que ne l'est ce piano quand il chante.

— Moi, je domine mon cœur, dit Bérangère.

— Vous ne dominez ni votre cœur ni votre esprit. Vous êtes le jouet des effets visibles et invisibles, sinon de Monjoyeux. La preuve, c'est que vous n'avez pas la nuit les mêmes sentiments que le jour.

Violette, qui était une vraie musicienne, laissa courir ses doigts sur le piano. Elle adorait cette langue de la musique qui parlait si bien à son âme. Elle y retrouvait l'expression de tous ses souvenirs.

Le soir, les deux amies dînèrent avec le curé qui se trouvait bien un peu aventuré entre deux femmes à qui il n'eût pas donné le bon Dieu sans confession. Mais comment résister au dîner du château, quand on mange si souvent le dîner de la servante du curé !

Violette lui raconta comment la bague lui était revenue et comment elle l'avait jetée au cygne noir. Le curé, qui prêchait les miracles, ne voulut pas croire à celui-là. Il proposa à Violette de dire encore une messe pour Octave de Parisis.

Bérangère, qui était curieuse de voir

l'église, dit qu'elle aurait l'héroïsme de se lever matin pour aller prier Dieu chez lui, selon son expression.

Violette continuait bravement à coucher dans la chambre d'Octave, Bérangère couchait dans la chambre de Geneviève.

Vers le milieu de la nuit, Bérangère se réveilla à un cri de Violette.

Elle alluma sa bougie et courut en toute hâte vers son amie.

Elle n'était vêtue que de ses beaux cheveux, car je compte pour rien la chemise de batiste qui sculptait finement ses seins, son torse et ses jambes.

— Qu'y a-t-il encore ? demanda-t-elle en essayant de rire.

— C'est à n'y pas croire ! s'écria Violette.

Et elle montra la bague miraculeuse à Bérangère.

Cette fois, la femme de Monjoyeux, la belle Parisienne sceptique, ne rit plus du tout.

— Nous rêvons toutes les deux, n'est-ce pas ? demanda-t-elle à Violette.

— Oui, nous rêvons toutes les deux, mais tout éveillées.

Bérangère prit la bague dans ses mains ; elle n'en pouvait croire ses yeux.

— Contez-moi donc cela ?

— Que voulez-vous que je vous dise ! C'est toujours le même rêve. M. de Parisis est revenu cette nuit. Cette fois, il ne priait plus, il m'ordonnait de lui rendre sa bague. La terreur m'a réveillée, j'ai étendu les mains comme pour repousser le fantôme et j'ai senti la bague dans ma main.

— C'est une comédie ! s'écria Bérangère. Qu'est-ce donc que ce château mystérieux où il revient de pareils fantômes ?

Bérangère regarda autour d'elle tout en se rapprochant de son amie :

— Que disent les gens du château ? demanda-t-elle à Violette.

— Rien. Je n'ai, d'ailleurs, causé qu'avec celui qu'on appelle l'homme à la lampe ; vous le connaissez déjà. C'est un visionnaire, mais c'est son métier. Ah ! ma chère Bérangère, si vous n'étiez pas venue, je mourais de frayeur. Je vous jure que cette fois je n'aurai plus le courage de me moquer de moi. Ce spectre d'Octave m'épouvante.

Bérangère regardait toujours la bague.

— Ce n'est pas une illusion. Eh bien ! il ne vous reste plus qu'une chose à faire, c'est d'aller courageusement remettre cette bague au doigt du duc de Parisis.

Et Bérangère ajouta tristement :

— Si ses doigts ne sont pas déjà tombés en poussière !

VII

Il n'y a personne dedans

Violette était assise sur son lit, les cheveux épars, les yeux brûlants.

— Oui, dit-elle, j'aurai ce courage! Oui, dès qu'il fera jour on ouvrira le cercueil et j'obéirai à Octave. Quand le cercueil sera refermé sur cette bague elle ne me reviendra plus.

Bérangère était devenue pensive.

— Vous aviez bien raison de dire que nous sommes dominés par les choses visibles et invisibles! Nous croyons avoir des opinions toutes faites, mais nous n'obéissons qu'au milieu où nous sommes, comme les plantes obéissent à l'atmosphère. A Paris on ne me fera jamais croire aux revenants ; dans ce château maudit j'y crois si bien que je n'oserai jamais retourner dans la chambre de la duchesse. Il me semble que je la trouverais toute blanche, couchée dans son lit.

Disant ces mots, Bérangère souleva le couvre-pied et se glissa doucement auprès de Violette.

— A la bonne heure! dit-elle, voilà la vraie hospitalité. Dans un château il ne faut jamais qu'une femme couche seule.

L'influence de Bérangère changea les rêves de Violette. Elle vit encore apparaître Parisis, mais cette fois dans toute sa beauté et dans tout son amour. Ce fut au point que Bérangère fut réveillée par un embrassement de Violette.

On alla à la messe. Dès qu'on fut revenu au château on envoya chercher un serrurier. Violette ordonna à cet homme de les suivre, elle et son amie, à la chapelle, de descendre dans la crypte et d'ouvrir le tombeau du duc de Parisis.

— N'oubliez pas, dit Violette au serrurier,

qu'il y a un cercueil en plomb dans le cercueil en chêne.

Le serrurier, qui déjà avait été averti, montra qu'il avait tous les outils et qu'il portait un fourneau pour faire les soudures quand on refermerait le cercueil. Il expliqua qu'il avait déjà rempli une pareille mission pour mettre un petit enfant dans les bras de sa mère morte avant lui.

L'homme à la lampe était descendu en avant dans la crypte pour allumer les cierges de l'autel. Il avait en outre emporté deux candélabres pour que la lumière fût plus vive.

Violette et Bérangère restèrent dans la chapelle. Mais bientôt la pieuse curiosité, on pourrait dire l'amoureuse curiosité, entraîna Violette près du cercueil avant même que le serrurier eût achevé son travail.

Le couvercle de chêne revêtu de velours était levé, le serrurier donnait un coup de ciseau sur toute la ligne du cercueil de plomb. La scène était solennelle ; Bérangère elle-même, qui était descendue presque aussitôt que Violette, montrait la pâleur d'une grande émotion.

L'homme à la lampe avait allumé des parfums sur des trépieds posés à chaque coin de l'autel, à quatre pas du tombeau.

On ne disait pas un mot. Violette, les yeux noyés de larmes, regardait vaguement le couvercle de plomb.

Elle allait donc revoir, pendant un instant, une seconde dérobée à la mort, celui qui avait été l'amour de toute sa vie, celui qui avait été sa joie et sa douleur, celui qui était encore maître de son âme.

Comment allait-elle le retrouver ?

Le reconnaîtrait-elle sous les ravages de la dernière heure ? sous les ravages bien plus terribles du temps ? Car le temps marque son action dans la mort comme dans la vie. Il y avait près de dix-huit mois que le duc de Parisis reposait là.

— Est-ce qu'il a été embaumé ? demanda tout à coup Bérangère.

— Je ne crois pas, dit Violette. Le lendemain de cette abominable tragédie d'Ems on les a mis tous les deux dans ces deux cercueils pour les ramener ici..

Le serrurier prit sa tabatière en disant aux

deux amies qu'il allait soulever le couvercle. En attendant il se barbouilla le nez de deux prises abondantes.

— Si j'osais ! dit-il en rouvrant sa tabatière. Ces dames ne feraient peut-être pas mal de priser aussi. C'est du tabac à la Raspail.

Cet homme ajouta qu'il fallait bien s'attendre à respirer la mort.

— Voyez-vous, mesdames, on a beau être jeune, on a beau être duc, ici on n'est plus qu'un fumier.

Violette n'avait pas la force de parler. Elle croyait déjà voir la figure d'Octave toute parcheminée comme celle des morts de la tour Saint-Michel, qu'elle avait vus en passant à Bordeaux, dans son voyage en Espagne.

— Oh ! je ne regarderai pas, pensait-elle. Du moins je ne regarderai que sa main.

Elle ne voulait pas perdre encore une illusion.

— Eh bien ! dit Bérangère au serrurier, il faut soulever le couvercle.

On attendit en silence. Le serrurier passa son ciseau dans l'interstice pour pouvoir passer la main.

— Eh bien! où est-il donc? demanda-t-il en regardant de près.

L'homme à la lampe s'approcha avec un candélabre à deux lumières. Le serrurier n'avait soulevé qu'à demi le couvercle, il le souleva tout à fait.

Les deux femmes s'étaient penchées. Bérangère avait pris la main de Violette comme pour lui donner du courage.

— Il n'y a personne là-dedans! reprit le serrurier.

Violette se pencha sur le cercueil.

— Quoi! s'écria-t-elle, le duc de Parisis n'est pas dans son tombeau!

Elle regarda d'un œil égaré et tomba évanouie dans les bras de Bérangère.

A cet instant, une femme tout en blanc, la Femme de Neige, descendait l'escalier de la crypte.

FIN DU TOME DEUXIÈME

TABLE DU TOME DEUXIÈME

LIVRE I

LE CHATEAU DE PARISIS

I	Ce n'était pas la marquise de Néers que lord Sommerson avait enlevée............	3
II	La poudre de Cagliostro........	9
III	La dame de charité............	14
IV	Cher brigand.................	18
V	Souvenirs de Parisis...........	25
VI	Où il est question du diable......	32
VII	La figure fantastique...........	37
VIII	Les mystères du château de Parisis............................	41
IX	Le jeu de la mort..............	61
X	Que va faire Violette à Paris.....	65
XI	La maison de Socrate...........	73
XII	Pages du passé................	77

XIII	L'ivresse	80
XIV	La coupe amoureuse	85
XV	La folle	91
XVI	La marquise de Néers	105
XVII	Monjoyeux fait une bêtise	114
XVIII	La lune de miel de Monjoyeux	119

LIVRE II

SOUVENT FEMME VARIE

I	Rodolphe et Jenny	129
II	Où Rodolphe enlève Jenny	144
III	Le château enchanté	158
IV	Un an et un jour	163
V	Où le marquis de Sommerson donne de ses nouvelles	169
VI	L'amour et le mariage	177
VII	La décoration du mari	191

LIVRE III

LA MARQUISE DE VILLEROY

I	La première valse de mademoiselle Victoria	197
II	La solitude à deux	204

III	*La seconde valse de Victoria*......	211
IV	*L'enfer de la jalousie*............	220
V	*Comment cela finira-t-il*.........	238
VI	*L'hôtel du* Plaisir-Mesdames.....	246
VII	*Entre l'arbre et l'écorce*.........	253
VIII	*Où il est question de Molière*.....	258
IX	*La pelisse violette*...............	266
X	*La morte*.......................	275
XI	*Les roses et les bengalis*.........	283
XII	*Triste! triste! triste!*...........	288

LIVRE IV

CES DEMOISELLES A LONGCHAMP

I	*Ces dames et ces demoiselles à Longchamp*....................	293
II	*A travers la passion*............	323
III	*Violette oublie de s'en aller*.......	335
IV	*La blonde et la brune*............	351
V	*Les mystères du château*........	358
VI	*La bague de Parisis jetée à un cygne noir*....................	363
VII	*Il n'y a personne dedans*.........	371

PARIS. — TYPOGRAPHIE ALCAN-LÉVY, RUE LAFAYETTE, 61.

www.ingramcontent.com/pod-product-compliance
Lightning Source LLC
Chambersburg PA
CBHW060554170426
43201CB00009B/777